D1562938

Rose S. Minc

Editor

JoAnne Engelbert, Linda Gould Levine, Robert McCormick
Editorial Board

LITERATURES IN TRANSITION: THE MANY VOICES OF THE CARIBBEAN AREA

A Symposium

sponsored by

President David W.D. Dickson

The Department of Spanish and Italian

The School of Humanities and Social Sciences

The Latin America Student Organization (L.A.S.O)

Ediciones del Norte

The Center for Inter-American Relations

Las Américas Publishing Company

&

Montclair State College

Publication of this book has been made possible by the School of Humanities and Social Sciences, Montclair State College.
Philip S. Cohen, Dean.

Ediciones Hispamérica
5 Pueblo Ct.
Gaithersburg, MD 20878, U.S.A.
ISBN: 0-935318-10-0
Library of Congress Catalog Card Number: 82-084104

SUMARIO

La quinta conferencia sobre literatura hispanoamericana se llevó a cabo en Montclair State College el 19 de marzo de 1982, bajo los auspicios del Departamento de Español e Italiano, la Escuela de Humanidades y de Ciencias Sociales y la Asociación de Estudiantes Latinoamericanos (L.A.S.O.)

La conferencia y el presente volumen no hubieran sido posibles sin la valiosa cooperación de un sinnúmero de colegas y amigos. A todos extiendo mi más sincero agradecimiento, y muy especialmente a JoAnne Engelbert, Linda Gould Levine y Robert McCormick, miembros del comité ejecutivo de la conferencia, por su infatigable labor y devoción.

Rose S. Minc

El caribe: paraíso/infierno

EDMUNDO DESNOES

«'¿A dónde hemos llegado, Señor Almirante?' —me pregunta el Martín Alonso, con el veneno oculto bajo la máscara risueña. —'La cuestión es haber llegado' —le responde...» Según Alejo Carpentier, Colón, sin embargo, sí creyó haber llegado a Cipango, a Catay, y durante su tercer viaje pensó encontrarse merodeando el Paraíso Terrenal. Su traductor, que habló en árabe, largo y tendido, con los habitantes del Paraíso Terrenal, corroboró que aquellos hombres y mujeres de la Edad de Oro eran antropófagos. La fanática racionalidad europea había descubierto la existencia física del Paraíso y, sin mucho desconcierto, que los hombres y mujeres que habitaban los confines edénicos del mundo se alimentaban con deleite de carne humana. Luego, durante el Siglo de las Luces, la dicotomía se hizo bárbara y refinada: el Noble Salvaje y el Caníbal. Antes de cerrar veremos la evolución, el progreso del sistema binario en nuestros días.

Ante todo debemos intentar una definición del Caribe. Una empresa intelectual a la que innumerables especialistas —economistas, historiadores y sociólogos— dedicarían sin vacilar docenas de conferencias y cientos de ensayos: ansiosos de ganar esta dudosa batalla de geografía socio-económica.

Existe una tendencia filosófica, pragmática, de raíz africana, creo, que afirma: «El zorro sabe muchas cosas, pero el león sólo una

---

La Habana, 1930. Ha publicado: ensayos: *Punto de vista, Para verte mejor, América Latina;* novelas: *No hay problema, El cataclismo, Memorias del subdesarrollo;* antología: *Los dispositivos de la flor.* Actualmente se desempeña como Five College Professor of Latin American Studies.

—pero ésa es la única que importa.»

Los zorros argumentarían que la región se define por la existencia original de una economía de plantación, con su correspondiente inmigración forzada y masiva de esclavos durante los siglos XVIII y XIX; o sea, las Antillas, el Caribe. Existen otros cortes y enfoques, pero basta mencionar el más aceptado y/o gastado.

Si me viera obligado, o seducido, a encontrar otra justificación —y todos sabemos que la económica es la categoría fundamental— metería, osado, la cuchareta en un terreno, una especialidad donde sería considerado un intruso sin credenciales. No importa. Mi definición se basaría —digo basaría— en la existencia de una agricultura semifeudal y en la reducida extensión territoral de los países incluidos, países con una escuálida burguesía, o si prefieren un término más escurridizo, clase media.

Pero no voy a sucumbir a una tentación tan bizantina.

El denominador común, para Carpentier, es la música. «Todo suena en las Antillas, todo es sonido.» Lo cual, de paso, no está mal.

El león, por su parte, ya ha definido el territorio. El abrazo abarca, y quiere apretar, un círculo que incluye las Antillas, América Central y las costas de América meridional. La Cuenca del Caribe —*the Caribbean Basin*— es una sola unidad para la política exterior de los Estados Unidos. Acepto este enfoque, lo considero el más apropiado y operativo, una definición dentro de la cual ya maniobra el gobierno de Ronald Reagan y viven y mueren los países de la Cuenca del Caribe.

Estados Unidos, USA, heredó el discurso ideológico europeo, la dicotomía maniquea entre nobles salvajes (*friendly natives*) y caníbales (*hostile guerrillas*).

Durante la primera mitad del siglo pasado el Sur de USA soñó con fundar un Imperio Caribe. Un periódico de Virginia hablaba de que «las miserables repúblicas de América Central, pobladas por una semi-raza degenerada, acabarán por inclinarse ante el gobierno Anglo-Americano.» Un sureño transplantado informaba que «Nicaragua disfruta de un perpetuo verano. Los árboles siempre verdes, siempre florecidos, entrega sin cesar sus frutos lujuriosos... Si no fuera por las constantes guerras intestinas, Nicaragua estaría a la altura de cualquiera de los paraísos terrenales que pueden encontrarse a través del mundo.»

El *Congressional Globe*, poco antes de la guerra civil, hablaba de Cuba con una suerte de erección geófaga: Cuba «admira al Tío Sam, y él la ama. ¿Quién puede oponerse a esta unión? Los matrimonios se deciden en el cielo, ¿Quién puede oponerse si rodea con sus brazos a la

Reina de las Antillas, sentada como Cleopatra en su trono ardiente, sobre las olas de plata, su aliento tropical y picante, ofreciendo sus azucarados labios de rosa? ¿Quién se atrevería a oponerse? Nadie. Es ya mayor de edad —cógela, Tío Sam.»

Los estados sureños, desde luego, soñaban con fundar un imperio esclavista. El senador Albert G. Brown lo propuso sin ambages: «Quiero a Cuba, y sé que tarde o temprano la tendremos... Y con un pie en América Central podremos extendernos a otros Estados. Sí, los quiero a todos por la misma razón —para sembrar y extender la esclavitud.» Paraíso y esclavitud no eran excluyentes sino complementarios.

Los países de la Cuenca del Caribe siguen siendo las víctimas de un discurso político cada día más obstinado en corroborar —ya no a golpes de cruz y arcabuz, sino a descargas de dólares y bombas— la existencia de sus fantasmas y fantasías. Para continuar el dominio militar, la explotación de sus recursos y el consumo de sus playas y otros productos.

Este es el discurso dominante, hegemónico. La prensa del «Norte» es el vehículo más transparente del maniqueísmo contemporáneo: la Cuenca del Caribe se divide en la publicación de anuncios y en la publicación de noticias, en fotos periódisticas y en fotos publicitarias. En el mismo periódico o revista, y a veces hasta en la misma página o en páginas encaradas.

El Paraíso Terrenal, desde luego, está fuera del tiempo, de la historia. «*St. Kitts and Nevis. Where 250 Americans a week come to do practically nothing... Do nothing but count the waves as they wash ashore.*» Otro: «*Peter Island offers nothing.*» En ambos anuncios, estas islas de habla inglesa ofrecen una interminable playa desierta para el consumo de una pareja eternamente joven. Todos sabemos que no hacer nada es no trabajar, pero hacer el amor es una actividad. También sabemos que las playas del Edén, a la larga, deben ser de una belleza aburrida.

«*The touch of Paradise*» es un texto que va acompañado por el cuerpo de una mujer —«blancas colinas, muslos blancos»— extendida sobre la arena, bocabajo, dorándose al sol con la pieza superior del bikini desabrochada sobre la arena y los ojos cerrados; la mano de Adán palpa la espalda. Estamos en *Loews Paradise Island.* Otro: «*Cove Dwellers... You'll love being a 'cove dweller'. Enjoy the intimacy of a paradise that's yours alone. Your own private beach.*»

Las playas interminables, fuera del tiempo, y hasta el amor, como sabe tanto la Santa Madre Iglesia Católica (sólo Dios es eterno) como la sociedad de Consumo (sólo consumir es eterno), suelen tener un límite. Y *American Airlines* lo sabe: «*What's your pleasure*?» Y en cada reclamo enumera, con una casilla para su aprobación: «*Swimming, Snorkeling, Sunbathing, Dancing, Windsurfing, Fishing, Horseback Riding, Sightseeing, Gambling, Hiking, Nightclubbing, Tennis, Shopping, Sailing, Biking, Beachcombing, Water Skiing.*» Puede volar a todas estas actividades en Aruba, The Bahamas, Barbados, Bermuda, Curaçao, Dominican Republic, Guadalupe, Haití, Jamaica, Martinique, Puerto Rico, St. Croix, St. Martin, St. Thomas, Trinidad-Tobago.»

En otras partes de la Cuenca del Caribe, como, por ejemplo, en Guatemala, puede consumir historia: «*Give us a week and we'll give you 2,000 years.*» Y por sólo 199 dólares.

El precio del paraíso privado y en algunos casos de la historia, es una respetable consideración. El encabezamiento de la campaña publicitaria de México, el «amigo country», tanto para sus playas del mar Caribe como para su milenaria historia es: «*Get away from it all, without spending it all.*» Y en la República Dominicana: «*Casa de Campo announces a great new Water Sports Vacation. If you can't play you don't pay.*»

No olviden que la mayoría de estas campañas publicitarias forma parte de la promoción pagada por las diferentes oficinas turísticas de los gobiernos de la región. Tal vez lo más enajenante ocurre, y suele ocurrir, especialmente en países sometidos a la tiranía turística, cuando el discurso, los estereotipos son asumidos, interiorizados por la población de la Cuenca del Caribe.

Antes de viajar al infierno, debemos recordar que hay otras formas de visitar la región: a través de sus productos. Si no se cuenta con fondos suficientes, siempre se puede adquirir una botella de ron. «*No rum reflects Puerto Rico like Ronrico.*» El reflejo de la botella, la sombra caliente, en este anuncio, es... una playa desierta con palmeras y una pareja como dios los trajo al mundo, besándose en el agua cristalina. Y el café colombiano que Juan Valdés recoge amorosamente, en forma dolorosamente feudal, grano a grano, nos traslada en el aroma hasta su mundo primitivo.

También la ropa, o la desnudez, con artesanía Caribe, puede ofrecernos una vida de nobles salvajes. «*Top of the Summer to You... A Bared and Curvy Camisole for Everywhere Under the Sun (and Moon)*» presenta a dos modelos, una cabeza negra y otra rubia —la rubia, por supuesto, tendida en la hamaca; y al fondo una choza. Todo *Photographed on location: The West Indies.*

La mujer es el objeto que contempla el hombre o se ve a sí misma contemplada, como destaca John Berger en *Ways of Seeing*: «Los hombres actúan y las mujeres se presentan. Los hombres contemplan a la mujer. La mujer se observa a sí misma contemplada. Así se convierte a sí misma en un objeto —y especialmente en un objeto visual: una visión.» Berger habla de la pintura europea, pero lo mismo es válido para la publicidad y las modas, y hasta para la fotografía erótica de revistas como *Playboy* y *Penthouse*. La mujer es directa o indirectamente parte integral del paraíso en la representación de una mujer inocente, instintiva, natural y espontánea frente a la mujer decadente, astuta y lujuriosa (parte del discurso orientalista).

La mujer es mimética en el Caribe, es parte del placer posible y no del trabajo tedioso.

Sherry apareció en las páginas centrales de *Penthouse* en 1981, con blusa blanca de encajes o vestido de algodón crudo, gardenias en la mano y después de desnudarse un mar-pacífico en el pelo y collares de semillas o de caracoles al cuello, saliendo del agua, apoyada al tronco de un árbol, tendida en la arena, sentada en una cesta chorreando agua: «Me encanta tomar el sol, nadar bajo el agua, así que posar para un despliegue de fotos en el arrecife de Palancar, en Cozumel, fue como el sueño de una luna de miel. Y haber sido seleccionada la mascota del mes es portentoso... como recibir los avances amorosos de un hombre nuevo y conmovedor en un nuevo mundo conmovedor.» O Gabriela Brum, elegida en Londres Miss World 1980, fotografiada para *Playboy* tendida en una hamaca: «En realidad sería mucho pedir encontrar algo capaz de superar al paisaje de Jamaica —pero durante su reciente serie de fotos en locación, la ex-Miss World fue una verdadera contrincante para esta isla del Caribe.»

Los habitantes de la región, los «nativos», como las mujeres, forman parte del paisaje. Pero nunca asumen un primer plano, no son personajes, son parte de la escenografía o instrumentos parlantes. O sirven tragos o sirven música de fondo. Objetos doblemente alienados.

El «hombre blanco» no es instintivo, es dominador, aparece de punta en blanco, con un sombrero de jipi-japa, escrutando el horizonte con un trago de ron en la mano, o sentado en cubierta con el mundo del placer a sus pies. El poder es racional y no instintivo, su instrumento es la eficiencia tecnológica y no el equilibrio inocente y voraz de la naturaleza.

La Cuenca del Caribe se consume o se reprime para garantizar uso y abuso.

El Paraíso puede convertirse en Infierno cuando el noble salvaje se trastorna en un caníbal; el nativo amistoso en el rebelde hostil —y entonces el turismo desaparece. Ahora que Jamaica ha dejado atrás, por el momento, el socialismo democrático de Michael Manley, el gobierno de Edward Seaga ha lanzado una campaña para atraer de nuevo al turismo: En un reclamo vemos la playa solitaria en una ensenada acogedora, y sobre la foto a todo color leemos: «*Come back to tranquility. Make it Jamaica. Again.*» En otro aparece un niño negro, en precario equilibrio sobre la roca de una suerte de laguna; el niño, en traje de baño moteado como la piel de un leopardo, sonríe: «*Come back to innocence. Make it Jamaica. Again.*»

Pero la esquizofrenia me golpeó al ojear *The New York Times Magazine* del 22 de febrero de 1981. En la portada cuatro miembros armados de la Guardia Nacional en la cama de un camión, y a sus pies, una carga de cadáveres: «*El Salvador: A Nation at War With Itself.*» Y al pasar la página, en reverso el reclamo de *American Airlines:* «*What's your pleasure*?» con la húmeda rubia de siempre, el mar-pacífico tras la oreja, y, cortándole las manos y el pubis, la mano de un croupier coloca sobre el verde tapete la carta decisiva.

Los caníbales se han convertido en guerrilleros. «*Storm over El Salvador*» impreso en *Newsweek* sobre la foto de las tropas del gobierno, posando en uniformes impecables, implacables. El sargento, en primer plano, con un reloj digital, el dedo en el gatillo de su rifle de repetición, dos bolígrafos en la guerrera y ocultando o protegiendo sus ojos, espejuelos oscuros. «*Washington sent advisers, and more arms were on the way*». Junto a otra foto más pequeña de tres muchachos, uno armado con el mismo rifle norteamericano de repetición pero con la insolente camisa desabotonada, en primer plano, otro con una guitarra, al fondo, y a un lado el tercero con una gorra improvisada y una amplia sonrisa: «*Young: Was the uprising caused by the Soviets*?»

«*The agony of El Salvador*» es otro reportaje ilustrado con una foto a doble página de dos mujeres, las manos atadas a la espalda, muertas, arrojadas al borde de una carretera, con los pies descalzos, manchadas por el sol que al fondo vuelve la yerba tierna, casi color limón. Al lado, la foto de siempre: soldados del gobierno contemplan sonrientes a las mujeres asesinadas. Uno sostiene la erección de su rifle entre las piernas.

Durante marzo se van ampliando y definiendo los círculos del Infierno. Un mapa de América Central con El Salvador envuelto en llamas: «*The fire next door.*» Un cadáver, con los ojos comidos y los dientes muy blancos, se descompone, con la camisa abotonada, fundiéndose con el fango en un campo sembrado de maíz. «*As civilians die, the rebels win converts.*» «*U.S. Approves Covert Action in Nicaragua.*» La fachada de un edificio: «Ayer Nicaragua hoy El Salvador mañana Guatemala!» «*Nicaraguan base said to be of Soviet Style.*» «*The Peril Grows. Central America's Agony. A U.S. Dilemma.*» «*Nukes Found in Cuba.*» «*High Aide Says U.S. Seeks Soviet Talks on Salvador Issue. Problem Termed Global. Official Says Effort for Solution Also Has to Include Cuba and Other Latin Nations.*»

El discurso del poder se cierra sobre sí mismo, se perpetúa de espaldas a la historia. Durante casi quinientos años el maniqueísmo sólo ha cambiado los términos de la dicotomía Paraíso / Infierno. Los hombres y mujeres de la Edad de Oro, del Jardín de las Delicias, pasaron a ser nobles salvajes y el Infierno, los ángeles caídos, pasaron a ser caníbales, esclavos sin alma, instrumentos parlantes para volver a rebelarse contra el Dios metropolitano y huir hacia las montañas convertidos en cimarrones. Ahora vienen bajando de las montañas, ocupando y liberando territorios, guerrilleros. Irracionales, incapaces de reconocer la opresión, el hambre, la ignorancia y la muerte si no reciben instrucciones del Diablo mismo.

Pero la retórica ideológica del poder metropolitano ha sido perforada, grandes boquetes impiden que siga perpetuándose con impunidad.

Otro discurso, braceando entre las islas y la Tierra Firme, va creando una visión propia del Caribe. Un proceso histórico que hunde sus manos en la economía, en las corrientes de la cultura, en lo más turbulento y dulce de la Cuenca del Caribe. Una imagen dialéctica, donde las cosas no se resuelven sin contradicciones —donde se va creciendo con dolor.

Ya la racionalidad no es patrimonio del mundo occidental.

> «Cuanta sangre en mis recuerdos. En mi recuerdo son
> lagunas,»

Aimé Césaire regresa al País Natal.

> «Como resultado de mi inesperada conversión ahora respeto mi asquerosa fealdad.»
> «Y declara la voz de Europa —que durante siglos
> nos ha rellenado de mentiras y embutido de plagas,
> declara Europa —pero no es cierto—:

el trabajo del hombre ha terminado
nada tenemos que hacer en el mundo
somos los parásitos de la tierra
nuestra labor es seguirle los pasos al mundo.
Mas el trabajo del hombre sólo ha comenzado
le queda por conquistar
las cuatro esquinas de su fervor
cada rígida zona prohibida.
Ninguna raza tiene el monopolio de la belleza, la inteligencia y la fuerza
hay lugar para todos en el encuentro de las conquistas
ya lo sabemos
el sol gira alrededor de nuestra tierra iluminando
la región
que sólo nosotros hemos escogido
que cada estrella caiga del cielo cuando demos la orden
sin límite ni fin.»

La sensatez de Jorge Castañeda, ministro de Relaciones Exteriores de México, recomendando a Estados Unidos negociaciones con los países de la Cuenca del Caribe ha sido neutralizada, rechazada, consumida por las llamas primero inventadas y antes creadas por el «Norte»: «La revolución cubana fue una advertencia bien clara para todos: las tradicionales sociedades agrícolas de la Cuenca del Caribe, basadas en la explotación de la mayoría de los habitantes por una oligarquía, están destinadas a desaparecer. El cambio será rápido y, a veces, radical.»

No se trata de la dicotomía Paraíso/Infierno, se trata de poner fin a un purgatorio —por pecados nunca cometidos y siempre parecidos: relleno de mentiras y embutido de plagas.

Hemos crecido con dolor.

Las Antillas y América Central, libres, «salvarán la independencia de nuestra América, y el honor ya dudoso y lastimado de la América inglesa, y acaso acelerarán y fijarán el equilibrio del mundo.»

Sabemos lo que somos, queremos y podemos hacer, dentro un pluralismo social que nos permita asumir nuestra soberanía y nuestra identidad.

Nuevas canciones festivas para ser lloradas

LUIS RAFAEL SANCHEZ

Cuantes veces llego a un país extranjero me insulta la violencia sutil con que el inspector de aduanas tacha la indicación de mi nacionalidad puertorriqueña y sobreimpone las siglas U.S.A. Para el inspector de aduanas el hecho no tiene poca o mucha importancia, menos trascendencia. Cumple él un trámite burocrático que, casualmente, niega lo que yo soy: *puertorriqueño*. Intrascendente, casual, inopinado, el trámite burocrático proclama lo inaceptable. Y lo inaceptable es la declaración de la inexistencia de mi nacionalidad puertorriqueña. Tercamente, cuantas veces llego a un país extranjero y relleno el permiso de entrada escribo nacionalidad puertoriqueña para que el inspector de aduanas lo niegue con una audaz tachadura y una aclaración precipitada — U.S.A. Sólo entonces puedo entrar a territorio extranjero, sólo entonces se me garantiza la legalidad, sólo entonces se me acredita como persona bienvenida. Una confesión demasiado íntima procede: durante un momento muy largo el resentimiento me ofusca. Y la cabeza me anfitriona la indignación.

La indignación que me abarrota no es exclusiva. Miles de puertorriqueños la padecen. Y, a fuerza de costumbre, sonríen heladamente, sombríamente. Como si, a una vez, todos los matices de una rabia helada y sombría les incomodara la sonrisa. Que apenas si dura. Pues ya el inspector de aduanas llama al próximo en la fila. Y uno avanza a buscar las maletas, azorado, disminuido, peleado de muchas maneras con su persona y con el tramo histórico en que

---

Puertorriqueño. Ha producido varias obras de teatro y *La guaracha del Macho Camacho.*

transcurre su única vida y con las bromas siniestras que la geografía juega, sacudido por una muda destemplanza. O, a la inversa, repleto de soberbias y flotante entre optimismos y agradecido de los favores que otorga una multiestrellada Providencia con cielo sucursal en Washington. Porque en el espacio reservado para informar la nacionalidad escribió con letras de jactanciosa fluorescencia — U.S.A.

Miles de puertorriqueños tecnicoloran y disneylandizan esa deformación estupenda, nada cautos; miles son los puertorriqueños que se precipitan a corregir al inspector de aduanas si confianzudo y necio inquiere — *¿puertorriqueños*? cuando intuye la persona del renegado en el acto de esgrimir y ostentar el pasaporte norteamericano. — *Americanos ciento por ciento, americanos hasta la muerte* responden con voz protestante, *americanos otra vez en la resurrección*. Y el gentilicio reduce lo americano a lo norteamericano. Y la reducción contiene un juicio despectivo sobre la América innombrada. Y los esplendores de la historia que no deja de interrogar — Tenochtitlán, Machu Picchu, Yara, Ayacucho — recesan ignorados por el efecto de una insolente máquina de yankizar.

Los miles de puertorriqueños que tecnicoloran y disneylandizan la aberración estupenda no son los únicos expuestos a la violencia que suscita la pregunta sobre su ser verdadero. También los miles de puertorriqueños que sonríen helada y sombríamente ante la tachadura de la declaración de su nacionalidad se enardecen por las preguntas seriadas que su situación despierta — *pero, ¿acaso los puertorriqueños no son norteamericanos?, pero, ¿es que no es la misma cosa ser puertorriqueño que norteamericano?, pero, ¿es que los puertorriqueños no son de los norteamericanos?*

No es, pues, demagógica ni exagerada la afirmación escueta de que la mayor proeza que realiza un puertorriqueño es ser puertorriqueño y querer existir como tal; puertorriqueño que no le declama jaculatorias a la historia de su anexionismo norteamericano ni le declama jaculatorias a su hispanismo azarzuelado con adoquines, fallebas y serenos estentóreos que le abren el portal al señorito trasnochador; puertorriqueño y punto, puertorriqueño de esencia antillana, caribeña, confirmado por la mulatería y el mestizaje que pregona el resultado de seculares amancebamientos de alguna carabalí o alguna dinga toda verso estrujado y son redondo con algún españolete retórico y picaflor.

Y es que no hay un solo recodo existencial de la nación puertorriqueña que no conduzca a aquel conflicto, no hay experiencia que no se enzarce o se abisme en el mismo, no hay pausa ni suspiro que se libre de esa remisión. Y el país puertorriqueño está dividido en dos bandos irreconciliables: el que reduce su nacionalidad a la superación pronta de un trámite burocrático y estremece los postulados de la genética con el cacareo prepotente de un norteamericanismo de nacimiento y el que quiere asumir su nacionalidad puertorriqueña a plenitud, ajeno a los complejos, las docilidades y las coartadas.

Universo preferente para la dilucidación crítica de tales extremos ha sido y es la literatura puertorriqueña. Y los personajes y los tonos que ella perfila y las intervenciones y las omisiones temáticas que en ella se citan se corresponden con las veleidades y los asombros y los desconciertos y el caudal de contradicciones que el país gesta a diario; literatura obsesivamente fisonomista de un país sobrado de narcisismo, literatura obsesivamente recapituladora de la historia alterna que la historia oficial desanima, literatura asediada e invadida por la violencia y el desquicio que son retratos notables del país: la agresión física de la costura a puñaladas y de la balacera intercambiada por los émulos de Don Vito Corleone y del parricidio a estacazos y de los ojos sacados con una cuchara, la agresión verbal infinita con frases excrementicias y maldicientes disparadas desde la velocidad automotriz perturbada, la agresión ecológica de los radios portátiles sintonizados en la frecuencia del cuadrante que transmite los merengues del sexismo ruin — *Abusadora, Chu pa arriba, Chu pa abajo, Pónmelo ahí que te lo voy a partir*, la agresión suprema que codifica un irracional *mato, luego soy,* la agresión de un humor sobrecogedor que se vuelve contra las costumbres y las instituciones, contra los enmascarados de salvadores de la patria que tras robarse hasta los clavos de la cruz lloriquean — *los ladrones somos gente honrada*, humor que insatisfecho con la paradoja se instala en la parajoda; humor que para joder las viejas entelequias dogmáticas hace decir a la derecha santurrona — *al cielo, lo que se dice el cielo iremos los de siempre* y hace decir a la derecha razonable — *si el comunismo no fuera tan malo sería tan bueno* y hace decir a la izquierda santurrona *Dios mío, Carlitos Marx no dijo con cuánta salsa se espesa el mondongo* y hace decir a la izquierda razonable *el día que la mierda valga plata los pobres nacerán sin el culo*, desencajado humor, de espaldas a los melindres del *wit* erudito, humor reñido con la previsión, humor que rompió con los respetos antes de que los respetos lo inutilizaran, humor violento como violenta es la situación que lo urde y violenta es la risa que reclama.

Puerto Rico burundanga propuso Luis Palés Matos como verso recurrente de su *Canción festiva para ser llorada*. No es ese un verso complacido. No anuncia un país con derechos prehistóricos a la escolta de los claros clarines. No halaga el gusto de quienes exigen que la literatura se la pase en una interminable floración de nenúfares o sobreviva nada más que como hipsipila que dejó la crisálida. Tampoco fomenta la ilusión de quienes aspiran a vivir como helenos de pacotilla, agrecándose la nariz con un pinche y suplicándole el despercudido de su piel canela a la multinacional Max Factor de Hollywood. Menos aún a los que vulnera el hecho de que la otra mitad del fundamento espiritual puertorriqueño sea africana. Pero, en la zafiedad e incisión del verso *Puerto Rico burundanga*, en la rudeza con la que nomina el plato que aportaríamos los puertorriqueños a un alegórico menú antillano, en la burundanga indigesta en que resulta el cocido de tanto ingrediente contrastado y de armonía imposible pareció hallar buena parte de las generaciones creadoras más recientes un programa de deslumbrante incitación; generaciones a las que ya no sirvió la resistencia figurada en la muerte apoteósicamente wagneriana propuesta por los textos de buena factura literaria pero de débil respetabilidad ideológica que, en el caso excepcional de René Marqués, tuvo vastas ramificaciones; generaciones creadoras que optaron por la reivindicación implícita en el relajo y el insulto y el socavón moral, en la burla despiadada de los burladores, en la parodia de lo que se empeñaba en asfixiar el sentido común, en la sátira feroz de la anglofilia, en la esperpentización del *broken English* y el *broken Spanish* y el *broken Soul.*

El país puertorriqueño — pese a los acosos y las trampas y los culipandeos y los cruces direccionales — tiene el pellejo duro. Y su carácter colectivo pregona una alegría original que lo afirma y lo singulariza. Si por ahí marcha el país, por ahí marcha ladrándole su literatura. Nuevas canciones festivas para ser lloradas aparecen en su panorama creador con una sostenida periodicidad. Y si el llanto conmovido ritualiza y despeja las desolaciones cotidianas parece ser la risa festejante y vengadora lo que mejor nos cuadra y nos explica. Quién sabe si las canciones festivas son nuestra más pura y limpia manera de llorar. Quién sabe si es tal manera el pasaporte cifrado que impone nuestro acceso al mundo. Quién sabe si en la profunda facilidad con que juntamos la tristeza y su medicina está ya perpetuada la intransferible nacionalidad puertorriqueña que ningún inspector de aduanas puede tachar o ignorar.

Salsa para una ensalada

G. CABRERA INFANTE

Para Rose Minc, rosa sin espina
«El Caribe, mi hermano,
¡qué ensalada!»
Celia Cruz cantando

Vine a ver el Caribe ya tarde. No tarde para el Caribe sino tarde, ay, para mí. Lo descubrí una tarde en Santiago de *Cuba*, ya que en Santiago de Chile habría descubierto no el Caribe sino el mar Pacífico y mi nombre sería otro: Balboa el vazco, bizco viendo dos mares a la vez. Ocurrió en Santiago un día de diciembre de 1955 y mi primer descubrimiento caribe no fue el mar sino el vasto puerto abajo y arriba el cerco de montañas que después serían conocidas por el *nom de guerre* de La Sierra. Mi segundo encuentro no fue con el mar Caribe sino con el *calor* local, húmedo y ubicuo, que hacía del invierno tropical una estación violenta, sin paz. Nunca antes había sentido tal canícula, si exceptuaba un mediodía en la estación lenta del subway de la Calle 145—pero allí ya Manhattan era Harlem. Ahora, para apagar este infierno en invierno en mi cuerpo, tomé una doble ducha fría *straight no chaser*. Al salir a secarme me pareció que, distraído, no me había frotado bien la toalla porque seguía mojado. Pero no era agua lo que mojaba mi cuerpo sino sudor: yo era mi propia ducha. Había descubierto el calor caribe, otra atmósfera, otra dimensión de lo

---

Cubano. Ha publicado entre otros: *Vista del amanecr en el trópico, Ejercicios de esti(i)o, Tres tristes tigres, La Habana para un infante difunto*. Reside en Londres.

cubano.

Nací en la costa atlántica de Cuba y me crié frente a la *Gulf Stream, where gulls scream*, en La Habana. Así mi mar era el océano Atlántico y la corriente que lo atraviesa desde el golfo de México hasta las costas de Irlanda: el *Northern Drift* se llama allá. Mi brújula señalaba siempre al norte y el sur era un viento caliente, polvoriento, que soplaba en Cuaresma, seco siroco. Para mi todo el sur era zurdo, absurdo. Del norte venían Europa y la civilización del frío. Mi mujer mito no era la india Anacaona sino la celta Isolda. Mi música —swing, jazz y comedias musicales—venía de USA, sonando sincopada, y de Europa en suaves sinfonías. Mis lecturas fueron las imágenes de vértigo del cine, los *comics,* las confusas novelas de Faulkner: artes americanas, y después Conrad y Carroll, todo orden en todo caso lógico o moral. También fue un libro de Joyce y otro de Dickens y otro de Flaubert y otro de Gogol y mucho Chéjov y mucho más Tolstoy, astuto y solitario como un zorro estepario. No tenía nada que ver con el Caribe: no había nacido en el Caribe sino en Cuba, esa isla curiosamente atlántica acostada atravesada en un mar que ella ignora tanto como Madame Recamier olvida el sofá que le sirve de cama: el Caribe es nuestro lecho de Procusto por gusto. Escogí luego ser ciudadano de La Habana, esa Roma cubana, y, a veces, el Caribe era un ron pelión y barato que dejaba, como el mar, una violenta resaca.

Pero esa visita más a Santiago acompañado por mi primera mujer me abrió los ojos y decidí divorciarme: como ven, ese viaje fue una segunda luna de miel. De haber ido con Miriam Gómez no habría tenido ojos para la ciudad, pero en esta jornada lenta de descubrimiento hasta podía mirar *full frontal* a esas mulatas de fuego de Santiago que son, en la frase de Juan Benet, escritor español, la mejor creación cubana. Si me apresuro a atribuir esta frase a su autor (cosa que un escritor rara vez hace) es porque temo más al odio feminista que al amor de mulata, que mata. Como lo advirtiera el difunto, Desiderio Díaz, que tuvo sus días cantados.

Una mulata me ha muerto.
¿Y no prenden a esa mulata?
¡Como va a quedar hombre vivo
si no prenden a quien mata!

Si Lorca en su son fue a Santiago con la rubia cabellera de Fonseca, yo fui a Santiago de Cuba con la melena negra de mi ex mujer y me entretuve mirando desde detrás de mis gafas de sol, una barrera púdica, a todas esas mulatas públicas, impúdicas, altas y delgadas y de un color que la canela no define: eran puro melado esas mulatas, mujeres de miel, caramelos que caminan —y de pronto sentí que estaba literalmente en otro mundo: Alicio en el país de la mujer maravilla. Había nacido en la costa norte de esa provincia pero ahora con sólo atravesar la isla hasta la costa sur estaba en otro orbe a través de espejo líquido. Era lo que Mr. Spock, verde de celos y con orejas de fauno ya tarde, llamaba un *time warp*, él mismo *warped by my happiness*, tuerto, torcido, torvo. Estaba ahora en otro universo y esa ciudad entre lomas, con calles como colinas que bajaban hasta el mar, rodeada de una muralla de montes, azotada por huracanes y sacudida por terremotos, no era Cuba. Era, lo reconocí luego, Cuba Caribe. No en balde cerca de allí hubo un asiento de indios caribes, esos nativos nunca cautivos que con oído italiano Cristóbal Colón oyó su nombre caníbal y los llamó emisarios del Can —y aquí can no era un perro sino nada menos que Kubla Kan, el que muy cerca un domo de placer decreta. (No en Creta sino en Xanadú de Cuba). Esos feroces gourmets del Nuevo Mundo dieron su nombre al mar y al mal de la antopofagia americana, que Shakespeare, con su dislexia, leyendo mal escribió mal Calibán al nombrar a su monstruo americano. Acababa yo de descubrir el Caribe pero no lo sabía todavía. Como Colón, había venido buscando otro punto en el mapa, Santiago, y me empeñaba en que estaba en Santiago de Cuba cuando en realidad caminaba por Santiago del Caribe.

Siempre lento en aprender algo nuevo, no me vine a enterar sino años más tarde de que media mitad de Cuba estaba en el mar Caribe y que Santiago era la capital de esa Cuba del Sur. Allí gracias a los cafetaleros franceses que huían de Haití y de la primera revolución negra del mundo que tomó el poder y lo convirtió en le *Pouvoir Noir* para propiciar un poder terriblemente negro, todo tiniebla: de esa fuga nació aquí, la danza cubana entenada de una variante de una danza inglesa que ya nadie baila, la *country dance*. Los franceses, que nunca han sabido inglés, la llamaron *contredanse*, danza contraria, y en Cuba se convirtió en contradanza para evolucionar en giros y jirones hacia la danza y ya en La Habana adoptar el nombre de danza habanera y enseguida dar un salto de calidad a España con el nombre de habanera —la misma que todavía suena, obsesiva y fatal, en la ópera *Carmen* de Bizet. Esa habanera, «madre del tango», como la llamó Borges con cierta razón literaria pero no musical, es la base de una de las formas de la música cubana, tal y como el *ragtime* suena en el fondo musical del jazz. Pero fue también en Santiago que surgió otro ritmo cubano: ese son que fascinó a Lorca hasta tratar, como había hecho antes con el baile flamenco, de imitar con la palabra el sonido de un son —pero el verso resulta el anverso del son. «*Irá a Santiago/En un coche de aguas negras*» es poesía previsible, son surreal, y suena remoto al lado del terremoto que provocó en toda Cuba primero, luego en América y en el mundo entero enseguida un humilde poeta popular llamado Miguel Matamoros, con su son que suena así:

> Mamá yo quiero saber
> de dónde son los cantantes,
> porque cantan muy galantes
> yo los quiero conocer
> y sus trovas fascinantes
> yo me las quiero aprender.
> Son de la loma, cantan en llano.

La letra obliga al canto porque nació para ser cantada. Matamoros, al revés de Lorca, no tenía que ir a Santiago con ese «son de negros en Cuba» porque era negro y había nacido precisamente en Santiago. Era casi caribe. Mientras tanto al otro extremo, en el lejano oeste del deseo, ya saliendo Cuba de la isla, en La Habana, otro negro, otro poeta popular prodigioso y músico muy magnífico, a quien el mismo George Gerswhin, melodista munífico, pidió prestadas varias tonadas: en su casa humilde del bario de Diezmero con esmero escribía Ignacio Piñeiro (ese es el nombre, ese es el hombre todo música) y componía un son sabroso que decía:

> Oye mi son,
> oye mi son montuno.
> El son es lo mas sublime
> para el alma divertir.
> Se debiera de morir
> quien conmigo no lo sienta.
> Suavecito,
> suavecito negra,
> es como me gusta a mí.
> Suavecito.

El viejo Ignacio sabía que por el Caribe le había entrado el son a Cuba cuando declaró: «El son surgió como el sol por Oriente». De hecho toda la música (y la poesía de paso) había venido a Cuba, como la contradanza, de esa misma Hipaniola pero de su costado español, de Santo Domingo, en la voz de la Ma Teodora, la primera compositora de América. La Ma Teodora, esclava africana que hacía música en las islas, hacia 1560 (anoten la fecha) consiguió en Santiago su obra maestra, una suerte de son *avant la lettre* del que no queda más que la letra —que singularmente, al revés del dictum de Wilde, evoca una música que ya no existe. Dice así todavía:

¿Dónde está la Ma Teodora?
Rajando la leña está.
¿Con su palo y su bandola?
Rajando la leña está.

Hay, es cierto, una melodía que se supone sea la transcripción actual del «Son de la Ma Teodora». Un musicólogo cubano, Natalio Galán (músico serio que ha escrito riendo la mejor historia de la música popular cubana, *Cuba y sus sones*, hecha en su exilio de Nueva Orleans,) pone en duda que esta notación sea verdadera. Lo creo porque *quod scripsi scripsi*. La melodía desapareció pero queda la letra: donde muere la música permanecen las palabras —el genio de Heine al revés. Esa antífona es el epitafio de lo que fue sin duda un son, que con la rumba y el danzón (hijo de la habanera) son los ritmos en que se basa toda la música cubana, desde el bolero, esa canción con síncopa, hasta el mambo y el chachachá, ambos surgidos aunque parezca imposible, del danzón y de la danza—de la *country dance* inglesa en último extremo. Pero así es de proteica la música y nadie pensaría que un antepasado del *rock*, arcoiris universal ahora, es ese *blues* nacido a orillas del Mississippi, regional y negro, lamento lento. Para algunos la palabra bandola sonará vagamente familiar, a bandurria o a mandola, a mandolina tal vez. Es en realidad un antecedente remoto de la guitarra cubana, llamada *tres*. En algunos lugares del Caribe esa guitarra coja se llama *cuatro* y siempre parece faltarle cuerdas a la original guitarra andaluza. Si los *rock groups* usan guitarras eléctricas llamadas *lead* y *bass* ahora, los primitivos *blues* se tocaban con una guitarra acústica de origen español que llegó a Louisiana desde Cuba, pobre pero sonora. La música, como la poesía, como el Caribe y sus islas pueden llamarse, en palabras de André Breton, «vasos comunicantes». Para mí serán siempre versos comunicantes.

El fragmento citado de la letra del «Son de la Ma Teodora» podría repetirse *ad infinitum* pero nunca *ad nauseam*. Lo que distingue esos versos de otro tipo de poesía popular de la época es esa repetición que parece familiar ahora porque la poesía y la música moderna la utilizan con frecuencia. Llámese *ritornello* o estribillo está muy presente en el poema de Lorca, en que el andaluz repite una y otra vez la frase «Iré a Santiago» como un retorno gracioso que promete insistente una visita. Aparece en su poema no para mostrar su decisión inquebrantable de ir a Santiago de Cuba (de hecho Lorca nunca fue a Santiago) sino para dar musicialidad al verso y sobre todo para remedar el son en un poema que se titula precisamente «Son de negros en Cuba» —aunque nunca hubo son de blancos en otro lugar del globo. Lorca es en su poema un extranjero pero no será nunca un extraño porque ya Lope de Vega había usado un estribillo nuevo por americano en *La dama boba*, en que repetía rítmico la frase «Viene de Panamá». Otro músico cubano exiliado, Julián Orbón, que vive ahora en Nueva York, una noche de Manhattan muerta a la que dio el verso de la vida con sus acordes de teclas negras y blancas en ese piano de pronto mulato sonando el son «Son de la loma». Me demostró Orbón en un impromptu cómo precisamente el son oriental podía servir de cuadro armónico y armadura rítmica al cantar clásico de Lope, compuesto casi cuatro siglos antes:

> ¿De do viene, de do viene?
> Viene de Panamá.
> ¿De do viene el caballero?
> Viene de Panamá.
> Trancelín en el sombrero.
> Viene de Panamá.

(Permiso para una interpolación: el caballero, es obvio, lleva un jipijapa, sombrero de Panamá.)

> Cadenita de oro al cuello.

(Y en la medalla que cuelga la imagen de la Virgen de La Caridad del Cobre: otra interpolación.)

> Viene de Panamá.
> Zapatos al uso nuevo.

(De dos tonos, sin duda alguna: era un chuchero o pachuco no un caballero, más atorrante que andante: interpolación final.)

¡Viene de Panamá!

Es evidente que Lope, siempre atento al gusto popular, al vulgo y a la moda, había usado en su son de indianos un nombre exótico y sonoro, Panamá, para un ritmo ya familiar al oído castellano. Pero todo, rima y ritmo, debió ser novedoso en extremo porque el Renacimiento expañol, a pesar de otros ejemplos «etíopes» anteriores, no ofrecía todos los días esta clase de metro ni ese acento que había venido de allende los mares, de América, de las Indias precisamente —que estaban todas en el Caribe entonces. Esta versificación compuesta de estrofa/antistrofa se había importado a la nueva América de la vieja Africa junto con los esclavos negros, para quienes era la base de toda la música cantada—y por tanto base de la poesía negra, esencialmente antifonal. Tres siglos y medio después un genuino poeta negro iba a conjugar plenamente sus verbos africanos hechos cubanos en una poesía antifónica de versos blancos y resonancias afroides. Ese poeta se llamó, se llama todavía Nicolás Guillén, pero ahora su verso no es un instrumento musical de origen africano sino un mero utensilio político al servicio de una ideología europea. No es ya un tambor ni siquiera un bongó y una bronca voz mulata, sino una jaculatona hecha de consignas y *slogans,* pura propaganda y por tanto lo contrario de la poesía. Curiosamente Guillén comenzó haciendo no poesía negra, sones verbales, que llevan al extremo su negritud (como el célebre poema de su *Sóngoro Cosongo* que canta más que dice:

Bémbere que bémbere,
¡fuah!
que frutana Dio se lo da.
Bémbere que bémbere
¡fuah!
porque nella lo meresé.

en que la rogativa conga casi llega a ese estado de poesía pura que quería Antonin Artaud) sino poesía *negrista,* a imitación de un poeta puertorriqueño blanco, Luis Palés Matos, que componía antes poemas con elementos afrocubanos aprendidos de Cuba: imitación de la imitación. Pero por ese camino jamás el pálido Palés pudo llegar tan lejos como Guillén de Guinea lo hizo en su obra maestra, «Sensemayá», poesía ritual, o en su mejor poesía popular, como en «Búcate plata», que apareció en 1930 en un libro titulado, significativamente, *Motivos de son:*

Búcate plata,
Búcate plata,
pol que no doy un paso ma:
estoy a arró con galleta
na ma.
Con tanto zapato nuevo,
¡qué va!
Con tanto reló, compadre,
¡qué va!
Con tanto lujo, mi negro,
¡qué va!

¿Quién quiere Guillén el bueno cuando el malo es ya tan bueno? La educación poética de Guillén como poeta del Caribe se completó, curiosamente, con la presencia de Lorca en La Habana. Pero el granadino sólo fue en Cuba una visita rápida y grácil, como un serife andaluz para una letra cubana. Ambos, sin embargo, se unieron durante un momento musical por el cordón umbilical del son:

Señores
los familiares del difunto
me han confiado
para que despida el duelo
del que en vida fue
Papá Montero.
A llorar a Papá Montero.
¡Zumba!
Canalla rumbero.
Lo llevaron al agujero.
¡Zumba!
Canalla rumbero.
Nunca más se pondrá sombrero.
¡Zumba!
Canalla rumbero.

No son versos de Guillén, no. Tampoco de Lorca. Ni de un Lope mulato, amigo de Juan de Pareja. Es el pueblo que canta. Pero si sienten un leve aire demagogo, diré que ese verso lo compuso el folklore. De paso, no es un poema, es un son. De hecho, el son tradicional «Papá Montero», que algunos —por culpa de Xavier Cugat— creen una rumba. La semejanza con los poemas de Guillén viene de que, al revés de Lorca y Lope, Guillén no fue nunca un poeta sino un autor de letras de canciones, un gran letrista, un *lyricist* de genio y cuando dejó de serlo dejó de ser poeta. Sin embargo lo que más detesta Guillén en el mundo es la poesía de Neruda y después ser considerado un cancionero. Pero lo que opiné antes y escribo ahora lo digo como un alto elogio para este cancionero cubano, tal vez mas frívolo pero ciertamente más genuino que Lezama Lima, por ejemplo, a quien se considera el Mallarmé de la calle Trocadero. Cualquiera puede ser poeta (si no que les pregunten a los poetas del siglo cuántos bardos burdos, baratos caben en un premio Nobel y harán listas, de Sully-Proudhomme a ese Odysseus que es más bien *Outis* Elytis pero sólo los tocados por la gracia popular pueden ser compositores de letras de canciones y devolver así la poesía a sus orígenes. Musa viene y va de música, cuando no lleva al museo, y la poesía nació de la lira de Orfeo ya templada. Personalmente he creído siempre y dicho muchas, tal vez demasiadas, veces que una línea de esa canción que cantaba chilena Lucho Gatica circa 1957, «La barca», es más memorable para mí que todo el *Canto general*, del que no recuerdo media línea. El verso inolvidable es aquel en que anuncia así su viaje inminente un Erasmo marinero:

Voy a navegar por otros mares de locura.

Para los que opinen que jamás un verso ha hecho a un poeta puedo recordarles que curiosamente de la gran Safo queda casi menos que eso y su fama no es, hoy de estrofas sino estofa feminista y por cierto mas erótica que poética: Safo inventó el lesbianismo y de no haber sido lesbiana sería solamente liviana. Pero esta manía popular mía es una obsesión subliminal más que sublime. Yo, que no puedo recordar un verso o dos de Robert Lowell, aunque compartimos la celda acolchada y el electrodo en la sien, o citar a Wallace Stevens, que ahora me parece el mejor poeta americano de andar por calle, y que nunca he leído las recetas del Dr. W. C. Williams (no siendo boticario no alcanzo a descifrar su letra), puedo sin embargo recitar varios versos de Cole Porter y hasta servirle de eco y decirle que como poeta urbano, King Cole, *you are the tops*!

Es curioso que fuera un fotógrafo, (Néstro Almendros por más señas) quien me dijera una vez que nada fija el recuerdo tanto como la música. Los fotógrafos, como se sabe, emplean un compuesto químico que ellos llaman con precisión *fijador*. Hay además las foto-fijas del cine y nada puede parecer más detenido que el tiempo en una foto instantánea. He invocado exaltado la opinión exacta de un cineasta y ahora la convoco porque quiero evocar un recuerdo y es, en efecto, la música lo que mejor me ayuda a recobrar mi memoria perdida de un momento musical. Ese son era un son, precisamente el «Son de la loma» (nota para lectores inadvertidos: observen el juego verbal entre sones: no es mío, es de Miguel Matamoros: su son es un soneto, su sonido un son), que como el *leitmotiv* de un Wagner negro (para mortificar a Hitler en su infierno decorado por Eva Braun, esa otra Evita, con swástikas de neón y cruces de fuego fatuo) recurre constante en mí ahora. Este recuerdo infantil en que me tardo de una tarde en que bajaban unos músicos ambulantes cantando en el crepúsculo cubano es para mí eterno: durará mientras dure mi memoria. Ahora, para no olvidarlo, tomo nota.

Vivían mis abuelos en la parte alta de la ciudad (llamada con alarde de imaginacion nominal La Loma) que era en mi pueblo *the wrong side of the tracks but without the tracks.* Los vecinos acomodados, siempre incómodos con los menos acomodados, vivían en la parte de abajo de la villa, llamada tautológicamente Abajo—la parte baja del pueblo, no la villa, que se llama Gibara. Aunque parezca absurdo (y en mi pueblo nada absurdo, por ser humano, era ajeno) los de abajo eran los de arriba y los de arriba, los de abajo—algo como para confundir a ese atroz Gorky con sus *Bajos fondos*, que en mi pueblo se llamarían los *Altos Fondos*, no los altos hornos, ya que no nací en una ciudad industrial inglesa, como han querido hacer ver mis enemigos. Pero, como decía Humpty Dumpty encima del muro —es decir, arriba—, lo importante es saber quién controla el lenguaje y va a ser el amo de las palabras. Ahora yo estoy hecho un huevo locuaz sobre esta página —muro blanco con letras negras— y según mis amigos soy un maestro de la lógica loca del verbo, la arbitrariedad del adjetivo y la movilidad del nombre. En una palabra, están arriba de los de abajo ahora. Mientras Mariano Azuela en *Los de abajo*—pero, por supuesto, esa es otra historia literaria y otra digresión y otro son y otro sol, que ahora se ponía en esa tarde de mi lejano Oriente.

Venían, digo, todavía en el recuerdo, estos músicos ambulatorios en su manía musical bajando la loma y ellos, también tautólogos, cantaban el «Son de la loma». Pero, ilusiones de la simetría fácil, no me volví a mi madre ni le dije: «Mamá, yo quiero saber de dónde son los cantantes», porque nunca llamé «mamá» a mi madre, ni como el burgués Borges, «Madre» a la suya, sino sólo Zoila por su nombre. Mi madre oriental y política y por tanto anarquizante no creía en la autoridad del nombre—ni siquiera en el nombre de madre. No le pregunté a ella el origen de los tres cantantes porque era evidente que eran de La Loma: en ese *mismo* momento ellos entonaban la frase en que declaraban «Son de La Loma», para continuar explicando su discurso o curso por la vereda musical: «y cantan en llano», es decir Abajo. Que era hacia donde se dirigían cantando los tres con sus tres o cada uno con sus tres o el trío con sendos tres, cantando en la tarde que ya era casi noche tropical, bajando la cuesta, cantando, sonando su son santiaguero, cantando y caminando —y siguieron cantando hasta que en una esquina los borró su descarga. O la noche, que en el trópico, como se sabe, cae con fuerza de gravedad, que es lo que más temo. No la noche sino la gravedad y ser borrado, por mercurial, como un Mercurio que quiso ser siempre Romeo de madrugada *till it be morrow.*

Esa Cuba tenía música adentro y allá todas las artes tendían a la condición de música popular, aun la música seria. *Can I go forward when my heart is there?* Esta leve parodia a un maestro de la música de las palabras, ese Shakespeare temprano que hace de Mercurio un *punster* que muere por la boca y con un pie ya en la tumba, más Montero que Montesco, pone un *pun:* «*Ask for me to-morrow and you shall find me a grave man*». Pone un pon y me recuerda aquel son canalla que decía:

> Ponme la mano aquí.
> Macorina,
> ¡Pon!

Siempre he creído que ese lugar donde el sonero, quiere que la renuente mulata Macorina le ponga la mano no es allí donde duerme el obsceno pájaro de cada noche sino el *pun* nuestro de cada día. Los *puns* o pones me devuelven así a los sones. Pero hay muchos sones cubanos que nos llevan a la tumba. Recuerden que en Cuba una tumba es también un tambor o tumbadora y que tumbar es asimismo tocar tambores, caminar de medio lado o hacerse el vivo un mano muerta. Los timbales, pues, pueden sacarnos de la tumba como a ese Papá Montero que después de muerto se fue de rumba, cadáver rumboso. Pero ahora quiero irme de tumba y hacer que una palabra tan grave como *grave* se convierta en *gravy* —y aquí, Pancho, con la salsa hemos topado! Salsa es más *gravy* que *sauce* por espesa y oscura y alegrar siempre la carne. ¡Apenas siento la salsa, esto le zumba, señores, me voy de rumba! La salsa, por si no lo saben, es otro nombre, actual, para la rumba y la guaracha y el son—sobre todo el son que resuena a lo lejos todavía y aun más lejos en el recuerdo del trío de falsos Matamoros que cantaban su son genuino:

Son de la loma,
cantan en llano.
¡Mamá que son de la loma!

Esas lomas, las ciertas, a que alude el son no son otras que las montañas que rodeaban a Santiago de Cuba cuando la descubrí, todas llenas de rumores y presagios y de música marcial. Ese llano en que cantan los soneros es la ciudad de Santiago, donde nació el son, y luego es La Habana, la gran ciudad del llano donde el son se hizo nacional, internacional después al viajar por el mundo, imperecedero finalmente al convertirse en un himno a la alegría, como recordaba no Schiller sino el Maestro Piñeiro:

Salí de casa una noche
aventurera,
buscando ambiente de placer
y de alegría.
¡Ay, mi Dios!
¡Cuanto gocé!

¿Tengo que recordales que ese son se llamaba, en fecha tan temprana como 1929, «Echale *salsita*?» Pero de nuevo en Santiago, todavía de espaldas a la Sierra, si propongo que ese llano frente a la loma de los cantantes sea de infinito azul, ¿qué se vería? El mar por cierto, el mar Caribe nada menos, visible desde Santiago como desde ninguna otra ciudad de Cuba. Ese son fue cantado, encantando, en todo ese llano con crestas, como llamaban los indios al mar. Se canta todavía en otras tierras que también baña ese mar. Se cantará siempre mientras haya voces y se oirá mientras haya oídos porque el son es un sonido perfecto. A través de ese mar, desde esas islas del Caribe vino el son a Cuba, sólo que no era son todavía, ni siquiera se llamaba son y esa Ma Teodora nacida o no en Santo Domingo era una esclava de Africa no de la loma y no cantaba aun en llano. De esa misma isla Hispaniola vino la habanera sin ser todavía habanera y cuando lo fue la adoptó como propia España. Pero España se había apropiado no solo de la habanera (y de otras danzas cubanas que sería mas fatigoso enumerar ahora que bailar: las riquezas de su imperio) sino de un ritmo gemelo, que sonaba como un bajo debajo de la habanera, el tango con su nombre africano y su embrujo fatal, su fascinación rítmica, toda coreagrafía, producida por acentos argentinos contundentes que en la habanera eran imperceptibles o sutiles, danza por femenina lánguida, lenta. La habanera no fue la madre del tango sino su hermana inocente pero incestuosa, una suerte de Lucrezia Borgia del trópico que vino a rimar con Borges en Buenos Aires.

La madre de la habanera, la danza cubana, mientras tanto tuvo otros hijos en la isla. El danzón finisecular por ejemplo, que en su día dio frutos espurios, como ese danzonete de los años veinte, y vástagos legítimos como el mambo. Ya éste era el título de un danzón compuesto por Israel López, alias Cachao inter pares, en La Habana en 1939 y cuyo estribillo, ahora llamado montuno, era un preciso ritmo de mambo. Se tocó luego en Cuba, entre otros conjuntos, por la Orquesta Casino de la Playa circa 1945. Entre sus arreglistas figuraba, ese es el verbo, un tal Dámaso Pérez Prado. Este hábil músico mulato, que se hace pasar por indio ahora, viajó a los Estados Unidos y fue contratado por Stan Kenton, en cuya banda de jazz estentóreo ya estaba hacía rato otro experto orquestador, el irlandés de La Habana Chico O'Farrill, de quien Pérez Prado aprendió todo lo que exhibió después—excepto su modestia, claro. De Nueva York Pérez Prado, músico móvil, viajó a México donde trató y contrató a un bongosero dos veces extraordinario (conocido por su apodo y el de su mujer también: él se llamaba Tabaquito, ella se llama Tongolele todavía) y a un cantante de genio llamado Beny Moré, que sería más tarde a la música cubana lo que habían sido antes Ignacio Piñeiro y Miguel Matamoros, soneros sumos. El lanzamiento del mambo orquestado a la Kenton (o mejor dicho a la O'Farrill) por Pérez Prado y grabado en Ciudad México, usando instrumentistas mexicanos que sabían leer música sin mover los labios de la trompeta o el trombón, casi hizo olvidar los mambos que se oían hacia rato en La Habana con menor opulencia sonora pero mucho más ritmo. México pudo así reclamar el mambo (como había reclamado antes el danzón, el danzonete y la misma guaracha, al escribirla con H para que sonara azteca, así: *huaracha*, y si no reclamó la habanera al componerse allá «La paloma» fue porque, esa danza contenía ya el nombre de La Habana) y hasta el chachachá que vino después de haberlo querido. Este baile favorito de los años 50 en todas partes, no vio su auge cortado de pronto por un «nuevo ritmo en el ambiente para guarachar», como había ocurrido siempre en Cuba, sino por la Revolución, que no sólo detuvo la historia (después de todo ya eso se hizo antes en Rusia) sino que logró lo imposible: detener la música que era el tiempo sonoro de la isla, y reducirla al silencio —ocurrido cuando, como cantó un cantante sicofante, «llegó al Comandante y mandó a parar». Ese momento musical tuvo lugar en 1959, fin de una década y de una era.

Por caminos diversos y divertidos el novelista Severo Sarduy, el compositor Julián Orbón y el ensayista Roberto González Echeverría, todos cubanos aunque de distinto acento, han ascendido el «Son de la Loma», una suerte de Everest metafórico. Sarduy lo convirtió en una literatura en que el lenguaje se construye y se destruye y se trasviste por un signo —en este caso el signo de interrogación que aparece y desaparece como un *trompe l'orreille* desde el título de *De donde son los cantantes.* Orbón en esa velada musical de Manhattan probó su alarma contra ladrones. Fue Orbón y no Pete Seeger, seguidor, a quien se le ocurrió la perversa idea de acoplar unos versos de Martí y una montuna tradicional de Oriente, el ritmo de la guajira de Guantánamo, para inventar ese engendro, «La Guantanamera», melodía popular que los tontos políticos cantan como un himno: *La Carmagnole* cubana. Orbón, músico maestro, usó ahora el «Son de la loma» como diseño rítmico y melódico para acomodar unos versos de Lope que eran exóticos para el dramaturgo español pero íntimos para el trágico Coronel Torrijos: «vienen de Panamá». González Echeverría concibió hace unos meses la noción novedosa de que era posible unir al Caribe por la letra tanto como por la música—hasta el istmo por el ritmo—ayudado por un viejo conocedor del archipiélago que fue, como Long John Silver, un mañoso buscador de tesoros en ese mar de piratas, pirata él mismo: ahora en la superficie, luego en profundidad. Ese corsario se llamó Alejo Carpentier, quien exploró y explotó y exhibió el mar Caribe como nadie en prosa. *Finally a suicide sailor, he committed his own body to the deep* (Este *Requiem* debía haberlo hecho en francés, pero mi francés es triste y además no he leído todos sus libros.)

Ahora intento vislumbrar esas islas como veleros comunicantes pero debo confesar que me falta perspectiva. No porque no tenga suficiente distancia—la corriente del golfo llega ya tibia a Inglaterra—sino porque nunca tuve mucha intimidad con ese mar y esas tierras. Preferiría dejar esta empresa a Umberto Valverde, joven Jonás que en Cali, al otro extremo de un Caribe metonímico, ha vivido en el monstruo marino y le conoce las entrañas musicales. Es el leviatán que lleva música adentro, como el ballenato que cantó en la ópera. Su onda no es sólo la de David: son muchas ondas: son las ondas del mar Caribe y ha hecho nacer de entre ellas una Venus negra, una Venus afro, a la que el llama Reina Rumba: a Celia Cruz. Con una intuición más de poeta que de periodista o de escritor, Valverde ha compuesto un libro que es un homenaje una hagiografía, una autobiografía (de la cantora y del autor) y al mismo tiempo un poema épico a la lírica Celia, nombre celeste, que es ahora la salsa como antes habia sido el son en La Habana—y aquí *son* es sonido y también hijo: hijo de todos, de la Ma Teodora a Miguel Matamoros, soneros de siglos.

Valverde ha titulado su libro *CELIA CRUZ: Reina Rumba* y no puedo citarlo en parte, en arte aquí porque todo el tomo es una larga oración ondulante y continua, como una marea que danza hacia esa cantante que ha significado tanto para tantos y ahora es todo para todos: surgió de Cuba pero la recogió América: la acogió Santo Domingo y la elogió San Juan y la festejó Caracas: ella de vuelta al mito de que salió y siempre fue: Afrodita, Afro *ditta*, Afro dicha. *Celia* es una enorme Venus de color, la morena mujer montaña, *Venusberg* (para hacer un aria y hacer rabiar a ese ario, Wagner), y al mismo tiempo la dueña de la voz, la reina de la rumba y la cima del son. Valverde que no ha leído todavía al antropólogo alemán Janheinz Jahn ni a su *Muntu*, en que éste recorre el rumbo de la rumba ritual hasta la rumba rumbosa, sacra y social, siempre sensual, sacrailíaca, Valverde a quien ningún compromiso anterior ha impedido venir, va al verde y está ahora internado en su jungla de las vísperas caribes, noche insulada, jardines de sonido, Valverde, que viene del indio, ha ido también al negro y como ese Jahn, alemán en su tercer *Muntu* corona a la rumba reina y madre mediante, y a través de su gran diosa negra, Celia Cruz, encuentra él los hijos conductores de la salsa en la rumba habanera, como si La Habana hubiera parido a Harlem, al Spanish Harlem, a ese pánico hispánico que es el Barrio donde la salsa no nació sino tuvo su renacimiento, volvió a nacer de las cenizas del son («El son murió en Cuba», dicen que dijo Olga Guillot cantando boleros), ese son ave fénix de sonidos musicales que se hacen triza un momento y luego vuelven a recomponerse, a componerse en otros tonos, en medios tonos, hasta en dos tonos *retros* en la osadía sartorial del Grupo Experimental Neoyorquino (alguno de ellos vienen de Panamá), para regresar siempre al dos por cuatro y al seis por ocho del guaguancó, que son los ritmos de la rumba y el son y las unidades rítmicas de que está hecha toda salsa, sea agridulce o mojo criollo. La salsa, como la rumba, como el son, no pasará. No, qué no, qué no, qué no. Y si fuera ceniza todavía tendrá sentido musical: será ese ritmo que vino del calor tropical, para refugiarse en el frío del exilio y abrigarse con un nuevo ropaje sonoro. Ha habido desde Ovidio una poesía del exilio, hay hoy una literatura del exilio, pero por primera vez en la historia de la cultura hay una música del exilio: un sonido musical hecho de exilio. Esta música, este sonido, ha sido compuesto por exiliados cubanos y puertorriqueños, cubiches y portorros, exilados por motivos diferentes pero unidos en una misma nostalgia— que esta vez desde el pasado imposible recuerda una música que siempre existió. Era el ritmo de los sones que Chapottín, circa 1948, aprendió en su trompeta de su maestro, el músico que pulsaba las cuerdas de su tres como una lira, ese Orfeo negro llamado Arsenio Rodríguez, apodado el Ciego Maravilloso, el Bach del son: guitarrista que en vez de un clave bien temperado oía las claves (de esclavos) de madera bien templada al fuego que oye todo músico cubano que lleve música adentro, en cónclave en su cabeza musical: su ritmo sonando en clave, silente, las claves mudas pero presentes en el oído íntimo del músico de veras músico: él mismo su metrónomo oscilando desde antes de que lo inventara Maelzel porque ellos tienen el ritmo y los demás nada más que las medidas. El ritmo son los ritmos del son oriental que vienen del ritmo primero de la Ma Teodora cubana, dominicana o haitiana, negra remota, esclava y ama a la vez de la música. Esos sones, tan viejos que nadie recuerda tararear su melodía pero sí batir su ritmo, son hoy día (y noche) nuevos en Nueva York tanto como en la Caribbean Basin, en un *ritorno all'antico* caribe. El son se fue de Cuba, sí, pero ahora está en todas partes: es el espíritu de la música que sopla dondequiera, donde quiere. Como sopló inmortalizante al oído de Miguel Matamoros su son y verso, su universo:

> Mamá, yo quiero saber
> de dónde son los cantantes—

¡Ave María, este niño! ¡Qué insistencia la tuya, mi vida! Anda, canta y no preguntes más, muchacho! Canta, canta y cantando tal vez lo sabrás—o jamás lo sabrás. Si no cantas, oye. O como dice el sonero siempre a sus músicos en el clímax del son con su más alto elogio profesional y al público para que escuche dulce cantar y a ustedes para que aprecien sonoridad:

¡*Oyeló*!

La cocina de la escritura

ROSARIO FERRE

I

De cómo dejarse caer de la sartén al fuego

A lo largo del tiempo, las mujeres narradoras han escrito por múltiples razones: Emily Brönte escribió para demostrar la naturaleza revolucionaria de la pasión; Virginia Woolf para exorcisar su terror a la locura y a la muerte; Joan Didion escribe para descubrir lo que piensa y cómo piensa; Clarisse Lispector descubre en su escritura una razón para amar y ser amada. En mi caso, escribir es una voluntad a la vez constructiva y destructiva; una posibilidad de crecimiento y de cambio. Escribo para edificarme palabra a palabra; para disipar mi terror a la inexistencia, como rostro humano que habla. En este sentido, la frase «lengua materna» ha cobrado para mí, en años recientes, un significado especial. Este significado se le hizo evidente a un escritor judío llamado Juan, hace casi dos mil años, cuando empezó su libro diciendo: «En el principio fue el Verbo». Juan se refería, por supuesto, al verbo en un sentido literario, como principio creador, sean cuales fuesen las interpretaciones que posteriormente le adjudicó la Teología a su célebre frase. Este significado que Juan le reconoció al Verbo yo prefiero atribuírselo a la lengua; más específicamente, a la palabra. El verbo-padre puede ser transitivo o intransitivo,

---

Nació en Ponce, Puerto Rico. Ha publicado: *Papeles de Pandora, El medio pollito, La caja de cristal, La muñeca menor, Sitio a Eros, Los cuentos de Juan Bobo, La mona que le pisaron la cola, Fábulas de la garza desangrada.*

presente, pasado o futuro, pero la palabra-madre nunca cambia, nunca muda de tiempo. Sabemos que si confiamos en ella, nos tomará de la mano para que emprendamos nuestro propio camino.

En realidad, tengo mucho que agradecerle a la palabra. Es ella quien me ha hecho posible una identidad propia, que no le debo a nadie sino a mi propio esfuerzo. Es por esto que tengo tanta confianza en ella, tanta o más que la que tuve en mi madre natural. Cuando pienso que todo me falla, que la vida no es más que un teatro absurdo sobre el viento armado, sé que la palabra siempre está ahí, dispuesta a devolverme mi confiaza en mí misma y en el mundo. Esta necesidad constructiva por la que escribo se encuentra íntimamente relacionada a mi necesidad de amor: escribo para reinventarme y para reinventar el mundo, para convencerme de que todo lo que amo es eterno.

Pero mi voluntad de escribir es también una voluntad destructiva, un intento de aniquilarme y de aniquilar el mundo. La palabra, como toda madre, como la naturaleza misma, es infinitamente sabia, y conoce cuando debe asolar lo caduco y lo corrompido para edificar la vida sobre cimientos nuevos. En la medida en la que yo participo de la corrupción del mundo, revierto contra mí misma mi propio instrumento. Escribo porque soy una desajustada de la realidad; porque son, en el fondo, mis profundas decepciones las que han hecho brotar en mí la necesidad de recrear la vida, de sustituirla por una realidad más compasiva y habitable, por ese mundo y por esa persona utópicos que también llevo dentro.

Esta voluntad destructiva por la que escribo se encuentra directamente relacionada a mi necesidad de odio y a mi necesidad de venganza; escribo para vengarme de la realidad y de mí misma, para perpetuar lo que me hiere tanto como lo que me seduce. Solo las heridas, los agravios más profundos (lo que implica, después de todo, que amo apasionadamente el mundo) podrán engendrar en mí algún día toda la fuerza de la expresión humana.

Quisiera hablar ahora de esa voluntad constructiva y destructiva, en relación a mi obra. El día que me senté por fin frente a mi maquinilla con la intención de escribir mi primer cuento, sabía ya por experiencia lo difícil que era ganar acceso a esa habitación propia con pestillo en la puerta y a esas metafóricas quinientas libras al año que me aseguraran mi independencia y mi libertad. Me había divorciado y había sufrido muchas vicisitudes a causa del amor, o de lo que entonces había creído que era el amor: el renunciamiento a mi propio espacio intelectual y espiritual, en aras de la relación con el amado. El empeño por llegar a ser la esposa perfecta fue quizá lo que me hizo volverme, en determinado momento, contra mí misma; a fuerza de tanto querer ser como decían que debía ser, había dejado de existir, había renunciado a las obligaciones privadas de mi alma.

Entre éstas, la más importante me ha parecido siempre vivir intensamente. No agradecía para nada la existencia protegida, exenta de todo peligro pero también de responsabilidades, que hasta entonces había llevado en el seno del hogar. Deseaba vivir: experimentar el conoocimiento, el arte, la aventura, el peligro, todo de primera mano y sin esperar a que me lo contaran. En realidad, lo que quería era disipar mi miedo a la muerte. Todos le tenemos miedo a la muerte, pero yo sentía por ella un terror especial, el terror de los que no han conocido la vida. La vida nos desgarra, nos hace cómplices del gozo y del terror, pero finalmente nos consuela, nos enseña a aceptar la muerte como su fin necesario y natural. Pero verme obligada a enfrentar la muerte sin haber conocido la vida, sin atravesar su aprendizaje, me parecía una crueldad imperdonable. Era por eso, me decía, que los inocentes, los que mueren sin haber vivido, sin tener que rendir cuentas por sus propios actos, todos van a parar al Limbo. Me encontraba convencida de que el Paraíso era de los buenos y el Infierno de los malos, de esos hombres que se habían ganado arduamente la salvación o la condena, pero que en el Limbo sólo había mujeres y niños, que ni siquiera sabían cómo habían llegado hasta allí.

El día de mi debut como escritora, permanecí largo rato sentada frente a mi maquinilla, rumiando estos pensamientos. Escribir mi primer cuento significaba, inevitablemente, dar mi primer paso en dirección del Cielo o del Infierno, y aquella certidumbre me hacía vacilar entre un estado de euforia y de depresión. Era casi como si me encontrara a punto de nacer, asomando tímidamente la cabeza por las puertas del Limbo. Si la voz me suena falsa, me dije, si la voluntad me falla, todos mis sacrificios habrán sido en vano. Habré renunciado tontamente a esa protección que, no empece sus desventajas, me proporcionaba el ser una buena esposa y ama de casa, y habré caído merecidamente de la sartén al fuego.

Virginia Woolf y Simone de Beauvoir eran para mi en aquellos tiempos algo así como mis evangelistas de cabecera; quería que ellas me enseñaran a escribir bien, o a lo menos a no escribir mal. Leía todo lo que habían escrito como una persona sana que se toma todas las noches antes de acostarse varias cucharadas de una pócima salutífera, que le imposibilitara morir de toda aquella plaga de males de los cuales, según ellas, habían muerto la mayoría de las escritoras que las habían precedido, y aun muchas de sus contemporáneas. Tengo que reconocer que aquellas lecturas no hicieron mucho por fortalecer mi aun recienacida y tierna identidad de escritora. El reflejo de mi mano era todavía el de sostener pacientemente la sartén sobre el fuego, y no el de blandir con agresividad la pluma a través de sus llamas, y tanto Simone como Virginia, bien que reconociendo los logros que habían alcanzado hasta entonces las escritoras, las criticaban bastante acerbamente. Simone opinaba que las mujeres insistían con demasiada frecuencia en aquellos temas considerados tradicionalmente femeninos, como por ejemplo la preocupación con el amor, o la denuncia de una educación y de unas costumbres que habían limitado irreparablemente su existencia. Justificados como estaban estos temas, limitarse a ellos significaba que no se había internalizado adecuadamente la capacidad para la liberatad. «El arte, la literatura, la filosofía», me decía Simone, «son intentos de fundar el mundo sobre una nueva libertad humana: la del creador individual, y para lograr esta ambición (la mujer) deberá antes que nada asumir el estatus de un ser que posee la libertad».

En su opinión, la mujer debería ser constructiva en su literatura, pero no constructiva de realidades interiores sino de realidades exteriores, principalmente históricas y sociales. Para Simone la capacidad intuitiva, el contacto con las fuerzas de lo irracional, la capacidad para la emoción, eran talentos muy importantes, pero también en cierta forma eran talentos de segunda categoría. El funcionamiento del mundo, el orden de los eventos políticos y sociales que determinan el curso de nuestras vidas están en manos de quienes toman sus decisiones a la luz del conocimiento y de la razón, me decía Simone, y no de la intuición y de la emoción, y era de estos temas que la mujer debería de ocuparse en adelante en su literatura.

Virginia Woolf, por otro lado, vivía obsesionada por una necesidad de objetividad y de distancia que, en su opinión, se había dado muy pocas veces en la escritura de las mujeres. De las escritoras del pasado, Virginia salvaba solo a Jane Austen y a Emily Brönte, porque solo ellas habían logrado escribir, como Shakespeare, «con todos los obstáculos quemados». «Es funesto para todo aquel que escribe pensar en su sexo, me decía Virginia, y es funesto para una mujer subrayar en lo más mínimo una queja, abrogar, aun con justicia, una causa, hablar, en fin, conscientemente como una mujer. En los libros de esas escritoras que no logren librarse de la cólera habrá deformaciones, desviaciones. Escribirá alocadamente en lugar de escribir con sensatez. Hablará de si misma, en lugar de hablar de sus personajes. Está en guerra con su suerte. ¿Cómo podrá evitar morir joven, frustrada, contrariada?» Para Virginia, evidentemente, la literatura femenina no debería de ser jamás destructiva o iracunda, sino tan armoniosa y translúcida como la suya propia.

Había, pues, escogido mi tema: nada menos que el mundo; así como mi estilo, nada menos que un lenguaje absolutamente neutro y ecuánime, consagrado a hacer brotar la verosimilitud del tema, tal y como me lo habían aconsejado Simone y Virginia. Me faltaba ahora únicamente encontrar el cabo de mi hilo, descubrir esa ventana personalísima, de entre las miles que dice Henry James que tiene la ficción, por la cual lograría entrar en mi tema: la ventana de mi anécdota. Pensé que lo mejor sería escoger una anécdota histórica; algo relacionado, por ejemplo, a lo que significó para nuestra burguesía el cambio de una sociedad agraria, basada en el monocultivo de la caña, a una sociedad urbana o industrial; así como la pérdida de ciertos valores que aquel cambio había conllevado a comienzos de siglo: el abandono de la tierra; el olvido de un código de comportamiento patriarcal, basado en la explotación, pero también a veces en ciertos principios de ética y de caridad cristiana sustituídos por un nuevo código mercantil y utilitario que nos llegó del norte; el surgimiento de una nueva clase profesional, con sede en los pueblos, que muy pronto desplazó a la antigua oligarquía cañera como clase dirigente.

Una anécdota basada en aquellas directrices me parecía excelente en todos los sentidos: no había allí posibilidad alguna de que se me acusara de construcciones ni de destrucciones inútiles, no había nada más alejado de los latosos conflictos femeninos que un argumento como aquél. Escogido por fin el contexto de mi trama, coloqué las manos sobre la maquinilla, dispuesta a comenzar a escribir. Bajo mis dedos temblaban, prontas a saltar adelante, las veintiseis letras del alfabeto latino, como las cuerdas de un poderoso instrumento. Pasó una hora, pasaron dos, pasaron tres, sin que una sola idea cruzara el horizonte pavorosamente límpido de mi mente. Había tantos datos, tantos sucesos novelables en aquel momento de nuestro devenir histórico, que no tenía la menor idea de por dónde debería empezar. Todo me parecía digno, no ya de un cuento que indudablemente sería torpe y de principiante, sino de una docena de novelas aún por escribir.

Decidí tener paciencia y no desesperar, pasarme toda la noche en vela si fuere necesario. La madurez lo es todo, me dije, y aquél era, no debía olvidarlo, mi primer cuento. Si me concentraba lo suficiente encontraría por fin el cabo de mi anécdota. Comenzaba ya a amanecer, y el sol había teñido de púrpura la ventana de mi estudio, cuando, rodeada de ceniceros que más bien parecían depósitos de un crematorio de guerra, así como de tazas de café frío que recordaban las almenas de una ciudad inútilmente sitiada, me quedé profundamente dormida sobre las teclas aun silenciosas de mi maquinilla.

Aquella Noche Triste me convenció de que jamás escribiría mi primer cuento. Afortunadamente, la lección más compasiva que me ha enseñado la vida es que, no importa los reveses a los que uno se ve obligado a enfrentarse, ella nos sigue viviendo, y aquella derrota, después de todo, nada tenía que ver con mi amor por el cuento. Si no podía escribir un cuento, al menos podía escucharlos, y en la vida diaria he sido siempre ávida escucha de cuentos. Los cuentos orales, los que me cuenta la gente en la calle son siempre los que más me interesan, y me maravilla el hecho de que quienes me los cuentan suelen estar ajenos a que lo que me están contando es un cuento. Algo similar me sucedió, algunos días más tarde, cuando me invitaron a almorzar en casa de mi tía.

Sentada a la cabecera de la mesa, mientras dejaba caer en su taza de te una lenta cucharada de miel, escuché a mi tía comenzar a contar un cuento. La historia había tomado lugar en una lejana hacienda de caña, a comienzos de siglo, dijo, y su heroína era una parienta lejana suya que confeccionaba muñecas rellenas de aquel líquido. La extraña señora había sido víctima de su marido, un tarambana y borrachín que había dilapidado irremediablemente su fortuna, para luego echarla de la casa y amancebarse con otra. La familia de mi tía, respetando las costumbres de entonces, le había ofrecido techo y sustento, a pesar de que para aquellos tiempos la hacienda de caña en que vivían se encontraba al borde de la ruina. Había sido para corresponder a aquella generosidad que se había dedicado a confeccionarle a las hijas de la familia muñecas rellenas de miel.

Poco después de su llegada a la hacienda, la parienta, que aún era joven y hermosa, había desarrollado un extraño padecimiento: la pierna derecha había comenzado a hinchársele sin motivo evidente, y sus familiares decidieron mandar a buscar al médico del pueblo cercano para que la examinara. El médico, un joven sin escrúpulos, reciengraduado de una universidad del norte, enamoró primero a la joven, y diagnosticó luego falsamente que su mal era incurable. Aplicándole emplastos de curandero, la condenó a vivir inválida en un sillón, mientras la despojaba sin compasión del poco dinero que la desgraciada había logrado salvar de su matrimonio. El comportamiento del médico me pareció, por supuesto, deleznable, pero lo que más me conmovió de aquella historia no fue su canallada, sino lo resignación absoluta con la cual, en nombre del amor, aquella mujer se había dejado explotar durante veinte años.

No voy a repetir aquí el resto de la historia que me hizo mi tía aquella tarde, porque se encuentra recogida en «La muñeca menor», mi primer cuento. Claro, que no lo conté con las mismas palabras con las que me lo relató ella, ni repitiendo su ingenuo panegírico de un mundo afortunadamente desaparecido, en que los jornaleros de la caña morían de inanición mientras las hijas del hacendado jugaban con muñecas rellenas de miel. Pero aquella historia, escuchada a grandes rasgos, cumplía con los requisitos que me había impuesto: trataba de la ruina de una clase y de su sustitución por otra, de la metamorfosis de un sistema de valores basados en el concepto de la familia, por unos intereses de lucro y aprovechamiento personales, resultado de la visión de mundo utilitaria que habían implantado entre nosotros los extranjeros del norte.

Encendida la mecha, aquella misma tarde me encerré en mi estudio y no me detuve hasta que aquella chispa que bailaba frente a mis ojos se detuvo justo en el corazón de lo que quería decir. Terminado mi cuento, me recliné sobre la silla para leerlo completo, segura de haber escrito un relato sobre un tema objetivo, absolutamente depurado de conflictos femeninos y de alcance trascendental, cuando me di cuenta de que todos mis cuidados habían sido en vano. Aquella parienta extraña, víctima de un amor que la había sometido dos veces a la explotación del amado, se había quedado con mi cuento, reinaba en él como una vestal trágica e implacable. Mi tema, bien que encuadrado en el contexto histórico y sociopolítico que me había propuesto, seguía siendo el amor, la queja, y ¡ay! era necesario reconocerlo, hasta la venganza. La imagen de aquella mujer, balconeándose años enteros frente al cañaveral con el corazón roto, me había tocado en lo más profundo. Era ella quien me había abierto por fin la ventana, antes tan herméticamente cerrada, de mi cuento.

Había traicionado a Simone, escribiendo una vez más sobre la realidad interior de la mujer, y había traicionado a Virginia, dejándome llevar por la ira, por la cólera que me produjo aquella historia. Confieso que estuve a punto de arrojar mi cuento al cesto de la basura, deshacerme de aquella evidencia que, en la opinión de mis evangelistas de cabecera, me identificaba con todas las escritoras que se habían malogrado trágicamente en el pasado y en el presente. Por suerte no lo hice; lo guardé en un cajón de mi escritorio en espera de mejores tiempos, de ese día en que quizá llegase a comprenderme mejor a mi misma.

Han pasado diez años desde que escribí «La muñeca menor», y he escrito muchos cuentos desde entonces; creo que ahora puedo objetivar con mayor madurez las lecciones que aprendí aquel día. Me siento menos culpable hacia Simone y hacia Virginia, porque he descubierto que, cuando uno intenta escribir un cuento (o un poema, o una novela), detenerse a escuchar consejos, aun de aquellos maestros que uno más admira, tiene casi siempre como resultado la parálisis de la lengua y de la imaginación. Hoy sé por experiencia que de nada vale escribir proponiéndose de antemano construir realidades exteriores, tratar sobre temas universales y objetivos, si uno no construye primero su realidad interior; de nada vale escribir en un estilo neutro, armonioso, distante, si uno no tiene primero el valor de destruir su realidad interior. Al escribir sobre sus personajes, un escritor escribe siempre sobre si mismo, o sobre posibles vertientes de si mismo, ya que, como a todo ser humano, ninguna virtud o pecado le es ajeno.

Al identificarme con la extraña parienta de «La muñeca menor», yo había hecho posible ambos procesos: por un lado había reconstruido, en su desventura, mi propia desventura amorosa, y por otro lado, al darme cuenta de cuáles eran sus debilidades y sus fallas (su pasividad, su conformidad, su aterradora resignación) la había destruido en mi nombre. Aunque es posible que también la haya salvado. En cuentos posteriores, mis heroínas han logrado ser más valerosas y más libres, más enérgicas y positivas, quizá porque nacieron de las cenizas de «La muñeca menor». Su decepción fue, en todo caso, lo que me hizo caer, de la sartén al fuego de la literatura.

II

De como salvar algunas cosas en medio del fuego

He contado cómo fue que escribí mi primer cuento, y quisiera ahora hablarles un poco de cuáles son las satisfacciones que descubro hoy en ese quehacer cuya iniciación me fue, en un momento dado, tan dolorosa. La literatura es un arte contradictorio, quizá el más contradictorio que existe: por un lado es el resultado de una entrega absoluta de la energía, de la inteligencia, pero sobre todo de la voluntad, a la tarea creativa, y por otro lado tiene muy poco que ver en ella la voluntad, porque el escritor nunca escoge sus temas, sino que sus temas lo escogen a él. Es entre estos dos polos o antípodas que se fecunda la obra literaria, y en ellos tienen también su origen las satisfacciones del escritor. En mi caso, éstas consisten de una voluntad de hacerme útil y de una voluntad de gozo.

La primera, (relacionada a mis temas, a mi intento de sustituir el mundo que vivo por ese mundo utópico que pienso) es una voluntad curiosa, porque es una voluntad a posteriori. La voluntad de hacerme útil, tanto en cuanto al dilema femenino, como en cuanto a los problemas políticos y sociales que también me atañen, me es absolutamente ajena cuando empiezo a escribir un cuento, no obstante la claridad con que la percibo una vez terminada mi obra. Tan imposible me resulta proponerme ser útil a tal o cual causa, antes de comenzar a escribir, como me resulta declarar mi adhesión a tal o cual credo religioso, político o social. Pero el lenguaje creador es como la creciente poderosa de un río, cuyas mareas laterales atrapan las lealtades y las convicciones, y el escritor se ve siempre arrastrado por su verdad.

Es ineludible que mi visión del mundo tenga mucho que ver con la desigualdad que sufre todavía la mujer en nuestra edad moderna. Uno de los problemas que más me preocupa sigue siendo la incapacidad que ha demostrado la sociedad para resolver eficazmente su dilema, los obstáculos que continúa oponiéndole en su lucha por lograrse a si misma. Quisiera tocar aquí someramente, entre la enorme gama de tópicos posibles relacionados a este tema, el asunto de la obscenidad en la literatura femenina.

Hace algunos meses, en la ocasión de un banquete que asistí en conmemoración del centenario de Juan Ramón Jiménez, se me acercó un célebre crítico, de cabellera ya plateada por los años, para hablarme, frente a un grupo nutrido de personas, sobre mis libros. Con una sonrisa maliciosa en los labios y guiñándome un ojo que pretendía ser cómplice, me preguntó, en un tono titilante y cargado de insinuación, si era cierto que yo escribía cuentos pornográficos y que, de ser así, se los enviara, porque quería leerlos. Confieso que en aquel momento no tuve, quizá por excesiva consideración a unas canas que a distancia se me antojan verdes, el valor de mentarle respetuosamente a su padre, pero el suceso me afectó profundamente. Regresé a mi casa deprimida, temerosa de que se hubiese corrido el rumor, entre críticos insignes, de que mis escritos no eran otra cosa que una transcripción más o menos artística de la *Historia de O.*

Por supuesto que no le envié al egregio crítico mis libros, pero pasada la primera impresión desagradable, me dije que aquel asunto de la obscenidad en la literatura femenina merecía ser estudiado más de cerca. Convencida de que el anciano caballero no era sino un ejemplar de esa raza ya casi extinta de críticos abiertamente sexistas, decidí olvidarme del asunto, y volver aquel pequeño agravio en mi provecho.

Comencé entonces a leer todo lo que caía en mis manos sobre el tema de la obscenidad en la narrativa femenina. Gran parte de la crítica sobre la narrativa femenina se encuentra hoy formulada por mujeres, y éstas suelen enfocar el problema de la mujer desde ángulos muy diversos: el marxista, el fruediano, o el ángulo de la revolución sexual. Pese a sus diversos enfoques, las críticas femeninas, tanto Sandra Gilbert y Susan Gubart en *The Madwoman in the Attic*, por ejemplo, como Mary Ellen Moers en *Literary Women*; como Patricia Meyer Spacks en *The Feminine Imagination* o Erica Jong en sus múltiples ensayos, parecían estar de acuerdo en lo siguiente: la violencia, la ira, la inconformidad ante su situación, había generado gran parte de la energía que había hecho posible la narrativa femenina durante varios siglos. Comenzando con la novela gótica del siglo 18, cuya máxima exponente fue Mrs. Radcliffe, y pasando por las novelas de las Bronte, por el *Frankenstein* de Mary Shelley, por *The Mill and the Floss* de George Eliot, así como por las novelas de Jean Rhys, Edith Wharton y hasta las de Virginia Woolf (y ¿qué otra cosa es *Mrs. Dalloway* sino una interpretación poética, pero no por eso menos irónica de la frívola vida de anfitriona social?) la narrativa femenina se había caracterizado por un lenguaje a menudo agresivo y delator. Iracundas y rebeldes habían sido todas, aunque alguna más sabia y veladamente que otras.

Una cosa, sin embargo, me llamó la atención de aquellas críticas, el silencio absoluto que guardaban en sus respectivos estudios, sobre el uso de la obscenidad en la literatura femenina contemporánea. Ninguna de ellas abordaba el tema, pese al hecho de que el empleo de un lenguaje sexualmente proscrito en la literatura femenina me parecía uno de los resultados inevitables de una corriente de violencia que había abarcado ya varios siglos. Y no era que las escritoras no se hubiesen servido de él: entre las primeras novelistas que emplearon un lenguaje obsceno, de las que publicaron sus novelas en los Estados Unidos luego de levantados los edictos contra el *Ulysses,* en 1933, por ejemplo, se encontraron Iris Murdoch, Doris Lessing y Carson McCullers, quienes le dieron por primera vez un empleo desenvuelto y desinhibido al verbo «joder». Erica Jong, por otro lado, se había hecho famosa precisamente por el uso de un vocabulario agresivamente impúdico en sus novelas, pero del cual jamás hacía mención en sus bien educados y respetuosos ensayos sobre la literatura femenina contemporánea.

Enfocado sociológicamente, sin embargo, este silencio sobre el uso de un lenguaje obsceno en la crítica que formulan hoy las mujeres sobre sus propios escritos no resultaba difícil de comprender. El lenguaje sexualmente obsceno es hoy todavía predio privado de los hombres. En nuestra vida diaria, a los niños se les permite soltar juramentos impúdicos en público, si las circunstancias lo justifican, pero a las niñas este comportamiento les es terminantemente prohibido. Esto es así porque el lenguaje sexualmente obsceno, como lo han demostrado Casey Miller y Kate Swift en su excelente libro *Words and Women,* es un instrumento poderoso, por medio del cual la sociedad ejerce su opresión sexual sobre la mujer.

Entrar a fondo en este tema, con todas sus implicaciones sociológicas (y aún políticas), significaría que este ensayo se alargaría más de lo conveniente, y mi propósito al abordarlo no fue sino dar un ejemplo de esa voluntad de hacerme útil como escritora, de la cual me doy cuenta siempre a posteriori. Cuando el insigne crítico me abordó en aquel banquete, señalando mi fama como militante de la literatura pornográfica: nunca me había preguntado cual era la meta que me proponía al emplear un lenguaje obsceno en mis cuentos. Al darme cuenta de la persistencia con que la crítica femenina contemporánea circunvalaba el escabroso tema, mi intención se me hizo clara: mi propósito había sido precisamente la de volver esa arma, la del insulto sexualmente humillante y bochornoso, blandida durante tantos siglos contra nosotras, contra esa misma sociedad, contra sus prejuicios ya caducos e inaceptables.

Si la obscenidad había sido tradicionalmente empleada para degradar y humillar a la mujer, me dije, ésta debería de ser doblemente efectiva para redimirla. Si en mis cuentos «Cuando las mujeres quieren a los hombres», o «De tu lado al paraíso», por ejemplo, el lenguaje obsceno ha servido para que una sola persona se conmueva ante la injusticia que implica la explotación sexual de la mujer, no me importa que me consideren una escritora pornográfica. Me siento satisfecha porque habré cumplido cabalmente con mi voluntad de hacerme útil.

Pero mi voluntad de hacerme útil, así como mi voluntad constructiva y destructiva, no son sino las dos caras de una misma moneda: ambas se encuentran inseparablemente unidas por una tercera necesidad, que conforma la pestaña resplandeciente de su borde: mi voluntad de gozo. Escribir es para mí un conocimiento corporal, la prueba irrefutable de que mi forma humana (individual y colectiva) existe, y a la vez un conocimiento intelectual, el descubrimiento de una forma que me precede. Es sólo a través del gozo que logramos dejar cifrado, en el testimonio de lo particular, la experiencia de lo general, el testimonio de nuestra historia y de nuestro tiempo. Y a ese cuerpo del texto, como bien sabía Neruda (para quien no existían las palabras púdicas ni las impúdicas, las palabras obscenas, ni las gazmoñas, sino las palabras amadas) solo puede dársele forma a través del gozo, disolviendo la piel que separa la palabra «piel» de la piel del cuerpo.

Esta condición algida, ese gozo encandilado que se establece entre el escritor (o la escritora) y la palabra, no se logra al primer intento. El deseo está ahí, pero el gozo es esquivo y nos elude, se nos escurre adherido a los vellos de la palabra, se cuela por entre sus instersticios, se cierra a veces, como el moriviví, al menor contacto. Pero si al principio la palabra se muestra fría, indiferente, ausente a los requerimientos del escritor, situación que inevitablemente lo sume en la desesperación más negra, a fuerza de tajarla y bajarla, de amarla y maltratarla, esta va poco a poco cobrando calor y movimiento, comienza a respirar y a palpitar, hasta que se apropia, ella a su vez, de su deseo, de la implacable necesidad de ser colmada. La palabra se vuelve entonces tirana, reina en cada sílaba y en cada pensamiento del escritor, ocupa cada minuto de su día y de su noche, le prohibe abandonarla hasta que esa forma que ha despertado en ella y que ella, ahora, también intuye, alcance a encarnar. El secreto del conocimiento corporal del texto se encuentra, en fin, en la voluntad de gozo, y es esa voluntad la que le hace posible al autor cumplir con sus otras voluntades, con su voluntad de hacerse útil, por ejemplo, o con su voluntad de construir y de destruir el mundo.

El segundo conocimiento que implica para mí la inmediatez al cuerpo del texto es un conocimiento intelectual, resultado directo de esa incandescencia a la que me precipita el deseo del texto. En todo escritor o escritora, en todo artista, existe un sexto sentido que le indica cuándo ha alcanzado su meta, cuándo ese cuerpo que ha venido trabajando ha adquirido ya la forma definitiva que debería tener. Alcanzado ese punto, una sola palabra demás (una sola nota, una sola línea), causará que esa chispa o estado de gracia, consecuencia de la amorosa lucha entre él y la obra, se extinga irremediablemente. Ese momento es siempre un momento de asombro y de reverencia: Marguerite Yourcenar lo compara a ese momento misterioso en que el panadero sabe que debe ya de dejar de amasar su pan, Virginia Woolf lo define como el instante en que siente la sangre fluir de punta a punta por el cuerpo de su texto. La satisfacción que me proporciona ese conocimiento, cuando termino de escribir un cuento, es lo más valioso que he logrado salvar del fuego de la literatura.

III

Conclusión

Quisiera ahora tocar directamente el tema al cual le he estado dando vueltas y más vueltas al fondo de mi cacerola desde el comienzo de este ensayo. El tema es hoy, sin duda, un tema borbolleante y candente, razón por la cual todavía no me había atrevido a ponerlo ante ustedes sobre la mesa. ¿Existe, al fin y al cabo, una escritura femenina? ¿Existe una literatura de mujeres, radicalmente diferente a la de los hombres? ¿Y si existe, ha de ser esta apasionada e intuitiva, fundamentada sobre las sensaciones y los sentimientos, como quería Virginia, o racional y analítica, inspirada en el conocimiento histórico, social y político, como quería Simone? Las escritoras de hoy, ¿hemos de ser defensoras de los valores femeninos en el sentido tradicional del término, y cultivar una literatura armoniosa, poética, pulcra, exenta de obscenidades, o hemos de ser defensoras de los valores femeninos en el sentido moderno, cultivando una literatura combativa, acusatoria, incondicionalmente realista y hasta obscena? ¿Hemos de ser, en fin, Cordelias, o Lady Macbeths? ¿Doroteas o Medeas?

Decía Virginia Woolf que su escritura era siempre femenina, que no podía ser otra cosa que femenina, pero que la dificultad estaba en definir el término. A pesar de no estar de acuerdo con muchas de sus teorías, me encuentro absolutamente de acuerdo con ella en esto. Creo que las escritoras de hoy tenemos, ante todo, que escribir bien, y que esto se logra únicamente dominando las técnicas de la escritura. Un soneto tiene sólo catorce líneas, un número específico de sílabas y una rima y un metro determinados, y es por ello una forma neutra, ni femenina ni masculina, y la mujer se encuentra tan capacitada como el hombre para escribir un soneto perfecto. Una novela perfecta, como dijo Rilke, ha de ser una catedral sublime, construida ladrillo a ladrillo, con infinita paciencia, y por ello tampoco tiene sexo, y puede ser escrita tanto por una mujer como por un hombre. Escribir bien, para la mujer, significa sin embargo una lucha mucho más ardua que para el hombre: Flaubert re-escribió siete veces los capítulos de *Madame Bovary*, pero Virginia Woolf escribió catorce veces los capítulos de *Las Olas,* sin duda el doble de veces que Flaubert porque era una mujer, y sabía que la crítica sería doblemente dura con ella.

Lo que quiero decir con esto puede que huela a herejía, a cocimiento pernicioso y mefítico, pero este ensayo se trata, después de todo, de la cocina de la escritura. Pese a mi metamórfosis de ama de casa en escritora, escribir y cocinar a menudo se me confunden, y descubro correspondencias sorprendentes entre ambos términos. Sospecho que no existe una escritura femenina diferente a la de los hombres. Insistir que sí existe implicaría paralelamente la existencia de una naturaleza femenina, distinta a la masculina, cuando lo más lógico me parece insistir en la existencia de una *experiencia* radicalmente diferente. Si existiera una naturaleza femenina o masculina, esto implicaría unas capacidades distintas en la mujer y en el hombre, en cuanto a la realización de una obra de arte, por ejemplo, cuando en realidad sus capacidades son las mismas, porque estas son ante todo fundamentalmente humanas.

Una naturaleza femenina inmutable, una mente femenina definida perpetuamente por su sexo, justificaría la existencia de un estilo femenino inalterable, caracterizado por ciertos rasgos de estructura y lenguaje que sería fácil reconocer en el estudio de las obras escritas por las mujeres en el pasado y en el presente. Pese a las teorías que hoy abundan al respecto, creo que estos rasgos son debatibles. Las novelas de Jane Austen, por ejemplo, eran novelas racionales, estructuras meticulosamente cerradas y lúcidas, diametralmente opuestas a las novelas diabólicas, misteriosas y apasionadas de su contemporánea Emily Brönte. Y las novelas de ambas no pueden ser más diferentes de las novelas abiertas, fragmentadas y sicológicamente sutiles de escritoras modernas como Clarise Lispector o Elena Garro. Si el estilo es el hombre, el estilo es también la mujer, y éste difiere profundamente no sólo de ser humano a ser humano, sino también de obra a obra.

En lo que sí creo que se distingue la literatura femenina de la masculina es en cuanto a los temas que la obseden. Las mujeres hemos tenido en el pasado un acceso muy limitado al mundo de la política, de la ciencia o de la aventura, por ejemplo, aunque hoy esto está cambiando. Nuestra literatura se encuentra a menudo determinada por una relación inmediata a nuestros cuerpos: somos nosotras las que gestamos a los hijos y las que los damos a luz, las que los cuidamos y nos ocupamos de su supervivencia. Este destino que nos impone la naturaleza nos crea unos problemas muy serios en cuanto intentamos reconciliar nuestras necesidades emocionales con nuestras necesidades profesionales, pero también nos pone en contacto con las misteriosas fuerzas generadoras de la vida. Es por esto que la literatura femenina se ha ocupado en el pasado, mucho más que la de los hombres, de experiencias interiores, que tienen poco que ver con lo histórico, con lo social y con lo político. Es por esto también que su literatura es más subversiva que la de los hombres, porque a menudo se atreve a bucear en zonas prohibidas, vecinas a lo irracional, a la locura, al amor y a la muerte; zonas que, en nuestra sociedad racional y utilitaria, resulta a veces peligroso reconocer que existen. Estos temas interesan a la mujer, sin embargo, no porque ésta posea una naturaleza diferente, sino porque son el cosecho paciente y minucioso de su experiencia. Y esta experiencia, así como la del hombre, hasta cierto punto puede cambiar; puede enriquecerse, ampliarse.

Sospecho, en fin, que el interminable debate sobre si la escritura femenina existe o no existe es hoy un debate insubstancial y vano. Lo importante no es determinar si las mujeres debemos escribir con una estructura abierta o con una estructura cerrada, con un lenguaje poético o con un lenguaje obsceno, con la cabeza o con el corazón. Lo importante es aplicar esa lección fundamental que aprendimos de nuestras madres, las primeras, después de todo, en enseñarnos a bregar con fuego: el secreto de la escritura, como el de la buena cocina, no tiene absolutamente nada que ver con el sexo, sino con la sabiduría con la que se combinan los ingredientes.

Los nombres que matan: Jesús Gardea

MARGO GLANTZ

Si hay algo que asombre en los textos de Jesús Gardea es la abundancia de los nombres. Pero entendámonos: no son los nombres comunes y silvestres, son los nombres que la gente común y silvestre le pone a sus hijos cuando todavía queda en ellos algo de fuerza, de esa fuerza que es a la vez tempestuosa y terrible como la del sol que deslumbra constante la profusión maravillosa de los nombres. Y no es raro que Jesús pronuncie en vano, no es raro puesto que en su propio nombre lleva la fama y gracias a eso puede dedicarse a los bautizos y recorrer la escritura con la violencia indolente que surgieron las verdades.

Están Evaristo, Rufo, Gaspar, Valerio, Onésimo; también Lautaro, luego Bartolomé, Blas y Olegario. Siguen Benedicto y Angel Nacianceno, Nazaria e Irene. Cualquiera sabe al oír esos nombres o, mejor, al mirarlos, cuando uno se empecina en la lectura e intenta descifrarla, que esos personajes así llamados tienen que aquilatar en la redondez de sus consonancias los pesos del relato, que en esos nombres está escondido o resumido un mundo misterioso y profundo, el mundo, en fin, ese mundo que tuvo que nacer con el Verbo. Porque además cualquiera sabe que si uno es capaz de escribir y de pronunciar con vehemencia esos sonoros nombres es necesario haberlos meditado porque nadie puede quedarse impune después de organizar un relato cuyo protagonista se llame Trinitario. La homonimia amenaza a Europa y una de las manifestaciones definitivas de salud que defiende

---

Mexicana. Ha publicado: *Las mil y una calorías, novela dietética, Doscientas ballenas azules, No pronunciarás, Las genealogías,* y numerosos estudios sobre literatura.

a Latinoamérica, además del ya muy manoseado realismo mágico, es su capacidad de preservar y desparramar los nombres.

Repito que éso fue lo primero que me llamó la atención en los textos de Gardea. Eso y una persistencia curiosa a desdibujar un mundo que a primera lectura parece rulfiano. Me explico: una lectura voraz de estos textos — porque nunca es posible leerlos de otro modo — demuestra que estamos ante un escritor muy especial y al decirlo tenemos que apuñalar la banalidad de la frase indagando en las afinidades electivas y confesar que de los textos se desprende un olor mañoso y fementido que subyuga porque aparece y desaparece a medida que el relato se despliega ante nosotros iluminado como el paisaje, los objetos y los hombres, por un sol rijoso, abundante y antropoide. La sencillez, el despojo están sometidas a una violencia que los demanda. Me explico: existe un orden que se ancla en la sencillez manejando así un relato despojado de excrecencias. Pero en los intersticios se inserta una ruptura: la sencillez se puebla, el despojo está amueblado de contrastes, marca una exaltación producida por el rigor con que las entrelíneas del relato las exaltan. Hay a la vez una construcción impecable, clásica y una ruptura de la construcción, un sentido lógico y la producción inmediata de un sentido del desafuero. Vuelvo a explicarme: el discurso es liso y de repente su lisa identidad se rarifica y dentro de esa geometría uniforme aparecen los signos discordantes de un tumor que se exhibe simplemente como un olor o como la invasión avasalladora del sol.

Me detengo en un cuento particularmente bien construido: «Trinitario». Lo elijo como modelo de esta escritura pues encuentro en él varios de los temas y de las construcciones asistemáticas que consumen a Gardea y lo hacen perseguir de texto a texto sus mismas vanidades, sus mismas discordancias.

Trinitario es un nombre detonante. Suena a nitroglicerina y a Santísima Trinidad y en esta disparidad estriba su sentido. La relación de las palabras está sometida a una cierta probabilidad despertada por un juego incesante de antítesis, una sola frase nos conduce a la nuca redonda y luminosa de una joven y morosamente se detiene en ella y en la singular atracción de una mirada ejercida sobre el texto, invadido por el sol como la nuca espléndida, coronada por orejas de pelusilla dorada de la cual emana un perfume inodoro, trasladada a las palabras, persiguiendo un transcurso, el de los personajes que penetran en una casa enigmática a pesar de su carácter vulgar. Es una casa común y corriente; por ella circulan los rayos del sol y los perfumes. Cuando el sol desaparece el perfume también y la muchacha ha perdido su encanto para trasladarlo a Trinitario, único personaje que ostenta un nombre; la falta de nombre de la muchacha se explica por la redondez aterciopelada de su nuca y por el atractivo intermitente que produce en los hombres llamados solamente así, los hombres, aunque su identidad misteriosa se cubra de rojas capas ondeando en un aire detenido sin viento y ahorquillado por el sol. La mujer es bella a veces y cuando lo es la rodea como aureola un perfume inaccesible y fascinante, fascinante porque atrae a los hombres y porque de repente desaparece y hunde a la mujer en la banalidad de una mujer sin nombre para intensificar el relieve del que sí lleva nombre y destacarlo como destaca su cuerpo dañado por el sol. Trinitario tiene también cara y en ella se marcan arrugas con bocas que pronuncian mil veces su mismo nombre que juega ante los hombres como juegan sus capas rojas sin el viento o como juega el automóvil que Trinitario compone y que los hombres pretenden comprar frente a un contexto que no le pertenece al automóvil, tampoco le pertenecen las capas escarlata a esos hombres surgidos a mitad del tiempo y del camino. Como el sol que permite delinear con nitidez los contornos de las casas al tiempo que las ensombrece por su reflejo deslumbrante porque es un sol que cae a plomo, así se juntan los desconocidos, y Trinitario por un lado y la joven por el otro. El relato une varios mundos y al mismo tiempo los desliga y los dispersa para luego retomarlos dentro de un coche mullido e inmaculado, lujoso e inaccesible; dentro de un corralón abandonado en un pueblo perdido en medio del desierto calcinado. El coche continúa, los hombres están en él, otra ruptura: Trinitario baja, entra a una tienda, bebe un refresco y dialoga con las moscas que transcurren entre un queso y un refresco, premonitorias, suicidas, hundidas en la congoja y en el miedo, un miedo impreciso, inconstante, ininteligible, tan ininteligible como esa parte del relato que predice los finales terribles aunque silenciosos. Y en medio queda por eso el agujero, esa ruptura que abulta y se vuelve tumor, Trinitario recuerda una enemistad, sugiere una venganza. Pero la venganza y la enemistad son calladas. Calladas simplemente porque no se dicen, apenas se insinúan: «Hace años tuve dificultades con un carpero — dijo el viejo cortándoles la palabra, ¿cómo se llama el patrón de ustedes? La nuestra no es carpa. Es Compañía. El patrón se apellida Santiago. Entonces no es. Aquel era un tal Martín. Santiago es éste... sí, ya les oí. No ha de saber tampoco nada de autos, puesto que confía en ustedes.»

La ilógica se prosigue. Trinitario es asesinado y su asesinato se maneja ritualmente: las cuatro capas de los hombres los cubren como si fueran una carpa, «bajo la sombra roja» y la venganza es nítida, perfecta, estética, estética porque la cubre un silencio, un fragmento calcinado del texto, un misterio enrarecido, una discrepancia, una distancia.

Y la venganza se reitera y corroe varios textos tambaleándose entre el nombre y el apellido o desbarrancándose ante la total ausencia de nombre para convertirse en algo tan general y vago como un hombre.

«Garita, La muerte» reúne varios hombres con nombres detonantes, aquí se une el nombre al apellido, Blas, Candumo, Bartolomé, Rubio, Angel Nacianceno, Silverio Huesca, Olegario Baeza. Pero la redondez insostenible del sonido ahueca la persistencia del relato dejando intermitencias, marcando ausencias, trazando líneas interrumpidas, contrastando escenas nítidas con escenas que no existen, deslumbrando y cegando. En «las traiciones» se siguen persiguiendo los nombres y los hombres y los mundos machos donde algunos viven asociados a una vaga pero persistente misión que se desdobla entre lo concreto muy sabido y muy descrito y lo enigmático, lo que se detiene entre las interlíneas de los textos.

La lógica primordial visible en estos cuentos se acrecienta en una novela breve llamada *La canción de las mulas muertas* que desde su título pervierte los sentidos. La organización de los hechos hace pensar en un relato verosímil o hasta realista, que se rompe por la extrema y ágil rapidez de los contextos taladrados por sueños y por abejas: el sentido aparece más pronto, se distancia y nos enfrenta a la discontinuidad de los dos mundos o de los muchos mundos que surgen ante nosotros cuando leemos: captamos la contigüidad de las cosas, pero también su lejanía. Gardea logra crear con la palabra el mismo efecto que crea el sol con su reflejo: ya lo dije: el sol dibuja con nitidez los contornos de una realidad tangible, y también nos la nubla como todo lo que sucede en un pueblo llamado con delectación Placeres aunque su verdadero nombre sea Ciudad Delicias, pueblo pesado y vagoroso, atrapado, pueblo de calles estrechas y blanquecinas, deslavadas, cubiertas concretamente de sopor, abiertas a cuchillo por el sol, pueblo de cantinas ruidosas donde los hombres beben y juegan al dominó, el sonido de fichas cae sobre las mesas de mármol para atenuar los silencios pesados de la siesta y las ominosas ausencias. Estallan los rivales muy perfilados en la aguda perfección de sus nombres, Leónidas Góngora y Fausto Vargas, enfrentados en un duelo de varones, un duelo tan intrincado como la organización misma del pueblo que apenas existe en la novela pues se concentra en una cantina llena de parroquianos y en una fábrica de refrescos. Fausto Vargas hace sodas y tiene dos empleados, Carmelo y Gil. Leónidas Góngora tiene a un coime, Ramos. Y surge la rivalidad entre los hombres. ¿Por qué ha surgido? Apenas se comprende y es necesaria sin embargo: Leónidas es forastero: ha llegado al pueblo precedido de una fama, la de deber vidas, pero no debe ninguna aunque pudiera muy bien haberlas debido y el western se gesta, pero a la mexicana y los rivales se enfrentan sin armas: sus armas son las que hacen vivir al pueblo en las tardes podridas del silencio, vida que se integra de algunos ruidos, entre ellos, el de las fichas de hueso amarillento sobre la masa pulida de los mármoles. Y sigue la historia, Vargas pierde y al perder se acaba la vida de su fábrica y la de sus empleados, alineados para siempre tras del amo. La venganza no satisface a Góngora, ingenuo escucha de discos clásicos en una cantina de pueblo. Góngora se va como vino, de repente. Su pasado pudo bien haber sido el de Martín, aquel que ha mandado matar a Trinitario, de quien no se sabe si el nombre lo califica o lo apellida. Por eso aparece un viajero, un ave de paso, Sixtino García que anuncia los enigmas y los deja en el aire. Hay una vaga rencilla, una mirada mal colocada, o una mirada demasiado prolongada que se asocia a la muerte. No en balde en México se dice que las miradas matan.

Sí, las miradas matan y también la escritura cuando se intenta descifrarla o cuando de ella se vive: «La tierra firme de los libros se había hundido, porque era ficticia, avisa Gardea en un cuento que titula otro de sus libros, *Septiembre y los otros días*. Sí, la tierra de los libros es ficticia aunque se pretenda verdadera. La palabra organizada produce escritura, deletrea nombres, nunca los pronuncia y la verosimilitud del texto tan buscada desaparece. Sí, y quizá queden las obsesiones articuladas en palabras que van llenando los días en que el sol o la lluvia nos iluminan o nos desvastan. Gardea repite sus experiencias: es fácil quizá seguir sus obsesiones, descifrar datos biográficos, saber su condición de huérfano temprano, entenderla mucho antes de leer su último relato, «El sol que estás mirando», sin embargo aunque se precise todo ese mundo, aunque se rellene la línea, sugerida por los puntos, como en las revistas de entretenimiento que se esparcen por las mesas de peluquería o dentro de sacos portátiles de aviones, aunque, insisto, pueda trazarse el dibujo y retocarse y armarse con las partes dispersas que andan por los cuentos y por los relatos, el mundo de Gardea es mucho más que éso, es un mundo que organiza un sistema, varias formas, una concentración escrituraria que define un cosmos, haciendo de su obra un cosmos donde como diría Barthes, prenden las palabras como bellos frutos en el árbol indiferente del relato. Esas palabras frutales se han cargado de tal densidad que al asociarse producen un mundo separado, un mundo real, un mundo que sólo tiene otro anterior en la historia de nuestra literatura, el de Rulfo, y no porque Gardea siga a Rulfo: Gardea sigue el ritmo interior del propio Gardea, pero al seguirlo, al oirlo intensamente ha pronunciado el nombre sagrado y ha evocado algo que debiera haberse quedado en el silencio: ha pronunciado los nombres, los ha escrito y ha transgredido la dificultad de ser, ha ordenado el cosmos, ha producido un mundo místico, un mundo totalmente diferente del que lo ha obligado a escribir. Quizá pueda terminarse este texto apelando de nuevo a Barthes: «Y sin embargo, el resplandor de la palabra introduce en nuestra dificultad de vivir el sacudimiento de la distancia: la nueva forma es para el sufrimiento como un baño lustral utilizado desde el principio por el lenguaje, pero por un lenguaje otro que renueva lo patético... toda literatura podría definirse como una esquizofrenia naciente, formada prudentemente, en cantidades homeopáticas. ¿No es acaso la escritura cierto distanciamiento enfrentado, por el exceso de las palabras (toda escritura es enfática), a la manía siniestra de sufrir?»

«Diálogo» con Jesús Gardea

ROSE S. MINC

Recibí, de Jesús Gardea, varias cartas. Una más fascinante que la otra. De ellas entresaco el presente material, elaborado en forma de diálogo:

¿Podría ofrecernos algunos datos personales, al margen de su biografía literaria?
Durante quince años ejercí la profesión de dentista. Hace ya un año me retiré de ella. Actualmente doy clases. Pero no me gusta mucho ser maestro. Me gusta la pintura, la filosofía, los gatos y caminar. No hago ni me interesa ningún tipo de deporte. No leo periódicos. Rara vez revistas literarias. Tampoco veo televisión.

¿Cuáles son los elementos que hasta ahora resaltan en su biografía literaria?
Mi vida literaria pública es corta. Apenas tres años. Por lo tanto lo que ella contiene de relevante, es poco. Una nonada. Cuatro libros publicados a la fecha. Tres invitaciones para participar, como escritor, en eventos culturales. La ciudad de México (UNAM); El Paso (UTEP); y Nueva Jersey (Montclair). Añado algunas publicaciones en revistas y suplementos de la ciudad de México, de trabajos míos. Y eso es todo.

¿Cómo llegó a la literatura?
A la literatura llegué solo. Como el buen Dios me dio a entender. Los únicos estímulos claros que yo reconozco, fueron mis lecturas. De ellas me vinieron y me siguen viniendo, casi siempre, las voces que me empujan a escribir, que no me dejan desfallecer. No cuento, desde luego, aquí las otras VOCES. A la literatura, por último, llegué solo y sigo solo en ella. También, como el buen Dios me da a entender.

¿Cómo se ve Ud. dentro del panorama de los jóvenes escritores mexicanos?
No estoy muy al corriente de la literatura que actualmente los jóvenes hacen en México. Sin embargo, por lo que yo he podido ver y constatar directamente, y corriendo el riesgo de ser injusto, diré que el panorama de la actual literatura joven en México, es harto flaco, sin verdadera fuerza ni frescura.

Dentro de su propio trabajo ¿puede Ud. registrar diferencias entre la producción literaria metropolitana y la que — como la suya — se hace lejos de un centro como el Distrito Federal?
No me corresponde a mí sino a los críticos y estudiosos de la literatura, registrar las posibles diferencias existentes entre la que se hace en el D.F. y la que por acá, en la provincia, algunos hacemos. No obstante, y como de pasada, diré que la literatura que se hace en provincia, resulta un tanto fantasmal con respecto al centro, el D.F. Pero también diré lo contrario, que la literatura de allá, del D.F., y por otras razones, es un tanto fantasmal con respecto a nosotros. Entre fantasmas andamos pues.

Estando físicamente tan cerca de los E.E.U.U. ¿cómo siente Ud. esa presencia? ¿Cómo afecta eso su obra?
La presencia de los E.E.U.U. no me resulta tan inmediata, conscientemente hablando, como, dado su cercanía, pudiera parecer. Y esto por las siguientes razones: No hablo ni escribo el inglés; visito muy poco, poquísimo, la ciudad de El Paso; mi casi nula afición a los medios masivos de comunicación, refuerza, de rebote, este aislamiento (recuérdese que nuestros periódicos, en un 60 por ciento, si ni es que más, de su contenido, hacen referencia a aspectos de la vida de aquel país) (también: no viendo yo T.V., no recibo la enorme influencia que en una zona fronteriza reciben de la T.V. norteamericana los hombres y las mujeres de aquí) (lo mismo vale para el cine). Esto por un lado, por el otro: mi gusto, no de ahora, por el conocimiento de nuestras culturas precolombinas; mi conciencia creciente de su gran valor. Mi gusto por el conocimiento de algunos aspectos valiosísimos del arte de nuestro virreinato. Y, en términos generales, de su cultura. Todo esto vivo, actual, incorporado a mi inteligencia y sensibilidad, con sus períodos naturales de intermitencia. Por lo tanto y dada esta capa protectora y desde un punto de vista, repito, consciente, pienso que la influencia de los E.E.U.U. ha sido minimizada en mi vida y en mi obra, o, al menos, su impacto, ha sido bastante amortiguado. No sé si para

bien o para mal. Y no respondo, no, de las influencias inconscientes, quizá mayores. Por lo tanto, respondo: la presencia de E.E.U.U. la siento borrosa, lejana. De mí y de mi obra.

¿Cómo relaciona Ud. su trabajo actual con el anterior? ¿Hay diferencias notables?
Me hundo en la escritura, caigo en ella, de manera que las relaciones, que me quedan más arriba, entre lo que hice y lo que estoy haciendo, se me escapan y no las tengo muy en cuenta. Diferencias notables? No; no las sé.

¿Qué puede decirnos de sus personajes en general, y de los de El tornavoz *en particular? ¿Podría contarnos algo de* El tornavoz?
Hace ya varios meses, me hicieron una entrevista para una publicación de la ciudad de México: allí dije, de mis personajes, que eran todos una tropa de infelices, y pienso que eso son, también, los que viven y mueren en *El tornavoz*. El mundo en el que ellos viven; o, si quiere usted, en el que ellos me dan cita, me invitan, me empujan, me llaman a verlos vivir, se llama Placeres; el mismo de *Las Mulas Muertas,* y de *El sol...* Si usted leyó *Las Mulas*, amiga, una atmósfera, un ambiente así, es el que los rodea, el que los anega hasta ahogarlos. Cuatro hombres. Tres mujeres. Dos niños. Y el viento, y la tierra. Yo no sé, amiga, en verdad, cuáles sean las ideas principales, ni siquiera la principal; al escribir la novela, no tuve, ni me movió, ninguna en especial; quiero decirle, que la cosa fue saliendo, poco a poco; como a ARREMPUJONES— como se dice coloquialmente por acá; nada de plan; sólo la cosa de sentarme a escribir; de responder a la invitación de que más arriba le hablé. Acuérdese, amiga, lo que decía Unamuno en algún lado, que había escritores ovíparos y escritores vivíparos. Los que ponen, los que dan a luz de una vez por todas; y los otros, los que tienen que parir, como las mujeres. A estos últimos, si no me engaño, pertenezco yo. Bueno. Creo que estoy divagando. La cosa es más o menos ésta: Una familia, los Paniagua— tres de los cuatro hombres; el otro es un amigo—: dos hermanos, el tío de ambos, y las mujeres de aquéllos. En el momento en que empieza la historia, el tío ha muerto ya hace muchos años, y uno de los hermanos también. El sobreviviente, Isidro, un día, a raíz del nacimiento de su primogénito, Jeremías, comienza a sentir, cada vez más y más, en su vida la presencia, la influencia del tío muerto. Se le convierte en una obsesión, que termina por cegarlo y matarlo. Habla del tío casi a todas horas a su mujer, Olivia. Algo le traslucen unos amigos de Placeres; algo le en-

cuentran de misterioso, y lo invitan— lo suponen con poderes mediúmnicos que, desde luego no tiene— a que les invoque a sus muertos de ellos. Fracasa. Los amigos lo dejan por la paz, menos Vitelo, que será el personaje que cierra la novela; él y Jeremías, el hijo de Isidro; pero ya hombre, y unos treinta años después de la muerte de su padre obsedido. Este podría ser uno de los lados posibles de la novela; pero hay otros. Por ejemplo, las relaciones entre Jeremías niño y su madre, Olivia, viuda de Isidro Paniagua. Y la vida del mismo Jeremías, y su gusto por encaramarse al único árbol que tienen en su casa, un álamo; y las voces que un día escucha estando allí; unas voces, que le dicen a su amigo— el otro niño de la narración— Colombino, no cesan de mentarle una sola palabra que él, Jeremías, nunca había oído: TORNAVOZ. Y todavía más: las relaciones entre los dos niños, uno de los cuales, Colombino, muere al caerse, despeñado, desde lo alto del zaguán de la casa de Jeremías y Olivia Paniagua; muerte que determina la huída de Jeremías, de Placeres, al que no volverá sino después de treintaitantos cuando ya Olivia ha muerto, y su casa es una pura ruina. Vuelve a construir un tornavoz. El tornavoz es el techito que tienen encima los púlpitos en las iglesias católicas; sirve para que resuene la voz del sacerdote. Pero hay también las relaciones de una de las tres mujeres, aparte de Olivia, con Jeremías niño, y el padre de Jeremías, antes de morir. Esta mujer, Marta, es la comadrona de Placeres y es ella la que trae el mundo a Jeremías. Me pierdo, amiga, en estas vidas, en este montoncito de cuartillas, si quiero hablarle acerca de ellas; ya lo está usted viendo...

Breaking the Silence: Elena Poniatowska, a Writer in Transition

ELIZABETH D. STARČEVIĆ

Those who have followed the Mexican author's Elena Poniatowska's production in recent years can observe an increased politicization in her writings and public statements. To see this one need only note her recent speech on the «desaparecidos» at the Center for Interamerican Relations in December of 1980. In a moving overview of the Mexican «political problem», a circumstance in which people disappear without charges, the author ends with a plea that calls on the PEN club to help break the silence and play an active role in ending the massacre. She goes further and designates the writer as the voice of all those who have no voice.[1]

It is clearly with this task in mind that she has written *Fuerte es el silencio*, published in Mexico in 1980 by Ediciones Era and now in its third edition. The fact that the book is already in multiple editions gives some indication of the success that Poniatowska has achieved. It is also a commentary on the strength of a political system that feels able to entertain various levels of social criticism from its intellectuals. Our own United States is perhaps the clearest example of this.

For me Poniatowska's public politicization dates from the year 1968, with the massacre, by the Mexican government, of students and bystanders involved in a peaceful rally on the Plaza de Tlateloco. The author's brother, along with many others, died in that slaughter at the

---

Nació en Nueva York. Ha publicado: *Carmen de Burgos, defensora de la mujer* y diversos estudios sobre feminismo hispánico y sobre Elena Poniatowska.

age of twenty one. All of her works since then have carried a simple dedication to him that points up the brevity of his life and carries in it a reminder of Tlateloco. As an author Poniatowska has published a variety of works — novels, short story, biography and has continued her work as a journalist and interviewer.

Fuerte es el silencio combines, in five chronicles, elements of various genres and is, in its intent: a documentation of a Mexican history that has not been told, a testimony to struggle, and a work of social criticism. Poniatowska has sought to penetrate the reality of the Mexico she loves dearly and to call it to task for not keeping its promises. For this Mexico of the «successful» revolution and the democratic postulates, continues to maintain the public face of «justice for all». In fact, its relatively developed economic status has placed it in the interesting position of co-interlocuter on matters Caribbean along side of that other defender of «democratic rights» to its north.

In order to go beyond this public face Poniatowska chooses to describe a phenomenon that is at once public and yet invisible: the angels. These are the thousands of smog-tinged children that populate the streets of Mexico City. They are part of the caravan of starving Mexicans who make their way daily to the Distrito Federal with the hopes of earning a bit of money and of having a better life. Peasants from the countryside, they become maids or vendors of a thousand and one products, and fill the thousand and one jobs that make up an «angelical» hierarchy. They crowd into an ever expanding «misery belt» that surrounds the city. They are convinced that the city will provide all that the land has not: the lottery, photonovelas, appliances, take-out chicken and other promises. Yet they remain marginated. In the metropolitan zone there are about 500 lost cities and the so-called «popular» settlements cover 40% of the metropolitan area and house four million «angelitos».[2] For all the reports and statistics, the government has found no way to include them in its so-called «Development with Social Justice».

Poniatowska finds varying levels of social adjustment in the «colonias» she visits. She quotes her well-known character Jesusa Palancares on the way in which the Oaxaqueños help each other. Yet this help is double-edged, for offers go out to compadres in the countryside inviting them to share in the urban possiblities and the circle of misery grows. With Dantesque symbolism Poniatowska describes the circular hell of pestilence that attracts the poor, in buzzard-like fashion, to grab and separate into zealously guarded piles, bits from the seven thousand tons of garbage that is evacuated daily. For garbage makes money — we come from the earth and to it we return — and can be sold as compost for agriculture.

In many short vignettes the author shows the city to be a monster with gaping jaws ready to debase everything — to deangelize it. While revealing the horrors — and Poniatowska includes photos of the anonymous Juans and Marias along with moving captions: «Don't buy everything from me because then what will I do?» says a peasant woman sitting on the street with her baby on her lap surrounded by a meager supply of dates and nuts — the author is also drawn to this city. It is one of the contradictory elements of her work that contribute to its complexity. In this and the essays that follow we find the autobiographical revelations that bring us the author and what Mexico means to her. For her love spills out in her descriptions of her time spent on the street of San Juan de Letran, hypnotized by an angel/devil who sold electric shocks with the patter of «Let's see what you feel» and the smells and sights of the fast-foods which she reels off to the reader in a burst of ecstasy. Poniatowska's language pulls us in and we feel her passion as well as her outrage. As night falls we are left with a prayer, «the Angelus» to keep us safe day and night in a city that doesn't allow us to love as we should. It is moving but not exactly useful as a social soluction, an element we often find in the author's work.

The tone changes from essay to essay. In «The Student Movement of 1968» we return to the crucial moment in Mexico's history when the universities and technical schools boiled with political fervor. Poniatowska, ever the journalist, retraces the events that led to the demonstrations and reminds us of the slaughter, of the wounded, of the jailed. With the perspective of ten years gone by, she follows the responses of the ensuing presidents, those guilty by clear design and others through passive complicity. Once again she breaks through the silence of passing time as she tells of the legal cover-ups and publishes the names and ages of some of the victims of Tlateloco. This is part of her contribution, part of her gift to her country (which may or may not wish to receive it). It is a challenge to a populace that may be unaware and to a leadership that is deliberately silent.

This act of recollection and reportage is a statement of priorities. In our choice of topics we tell as much about ourselves as we do about the subject itself. In the two essays that follow the author clearly pursues her self-imposed task of giving voice to the silent. The topic is specifically the «desaparecidos» and Poniatowska follows the actions of a new set of demonstrators — mothers not students, seated in the hot August sun in front of the cathedral of the «Zocalo» surrounded by large black and white pictures of their sons and daughters and the children of others who have disappeared. Eighty three women, come from all corners of Mexico, have started a hunger strike in the middle of the capital city. Their leader, Rosario Ibarra de Piedra, met the author in 1977 and Poniatowska has followed her progress ever since. Ibarra de Piedra, in the time since her son went out to the store one evening in 1973 and eventually became part of the «disappeared», is a middle class woman who has been forged in the crucible of struggle. She has testified before Amnesty International in London, Helsinki, Berlin and Stockholm and traveled throughout the U.S. visiting more than 80 college campuses. She has had more than 36 audiences with president Echevarria who has received her courteously each time. Indomitable, she stands her ground, insisting only that the government adhere to its laws, that it follow the system of accusations and punishments that it has codified. While many of the mothers find it difficult to deal with the political reality of their children's activities, Ibarra de Piedra asks only that they be judged for their acts. For to do so would be to bring them back from the terrible limbo of uncertainty and put an end to the eternal wondering.

Poniatowska, the journalist, the writer, the intellectual looking on, questions constantly trying to discover the force that propels these women and to make them realize the naivete of their acts. This is not a dictatorship, she says, why are you acting like those women in Argentina? And the response is chilling in its clarity and optimism. «But if we don't act it will become one. Do you think it is normal for a government to make its people disappear?»[3] But who is the naive one? Were the «Locas» of Argentina naive? Was Timerman, in his dogged confidence in the democratic system and in his determination to force his government to merely adhere to its laws? It is fascinating to compare this work and Poniatowska's reactions and observations to those of Timerman.[4] While one should not necessarily expect the same from her, certain similarities exist along side of the enormous contrasts. Poniatowska gives us these women in their strength and determination and she pales beside them. She becomes a whining, self-indulgent creature fighting her desire to flee the hot plaza for cooler rooms. Yet we must separate the gift from the giver at this point at least. For this is a problem that often arises in her work as her inability to see solutions makes her offer a romanticized or pessimistic vision that does harm to the totality of her creation. Yet she gives us so much that we go on — electrified by the woman at the church door haggling with the priest over the possibility of using the church as a shelter. Ah, Christianity! Or the sacrifice of these mothers who must defy their husbands and their community to participate in this determined act, and continue to participate in the face of hypocritical rejections by government leaders or sadistic warnings by police and soldiers who ask them to come and identify yet another body found bound, blindfolded and tortured in a ditch. Their strength gives us chills and forces us to know what is real both in Mexico and elsewhere. Poniatowska, the woman who is too hot, who would rather go home than to another rally, Poniatowska has broken the silence that would keep this reality from us. And we must be grateful.

«Los desaparecidos» continues to explore this new type of political repression: the «disappearance.» The act is surrounded with a Kafkaesque scenario. Supposed political enemies disappear without anyone's knowing who ordered the arrest, who carried it out and where the person has been detained. Since there is no written indication of his or her whereabouts the legal apparatus can wash its hands with a litany of «We don't know anything. It's not our jurisdiction.»

Citing statistics from Amnesty Internacional, Poniatowska links the crimes in country after country throughout Mexico and Latin America. She then traces the phenomenon of the guerrilla in response to political repression and expresses strong reactions to the growing presence of terrorism. But while her ideology is fuzzy her vision is clear: there can be no more disappeared! She ends the essay on a moving note of hope with Ariel Dorfman's poem «Esperanza».

> Cómo puede ser,
> eso les pregunto,
> que la alegría de un
> padre,
> que la felicidad de una
> madre,
> consiste en saber
> que su hijo
> lo están
> que lo están torturando?
>
> Y presumir por lo tanto
> que se encontraba vivo
> cinco meses después,

que nuestra máxima
esperanza
sea averiguar
el año entrante
que ocho meses más tarde
seguían con las torturas

y puede, podría, pudiera,
que esté todavía vivo?[5]

Lastly Poniatowska studies the case of a squatter's village, the Colonia Rubén Jaramillo in Cuernavaca. A portrait of rudimentary socialism evolves before the reader as El Güero, folk hero and leader, at first inspires group effort and mutual defense against the army that has been ordered to drive them off the land. Eventually he is driven into the hills where he is presumed dead. The town is purged of its Communistic ways — purified by an army presence that lasts for months. But the memory of the hero lives on in the songs of the townspeople. Poniatowska shows snatches of Naipul in her depiction of the hero's transformation into fugitive.

Thus we have varied silences, all entwined in the Mexican democratic context. It is a context that has evolved a politic that invisibilizes. As a child I was fascinated by a two pen set where one pen showed nothing when you wrote but when you went over it with the second, the words appeared. Elena Poniatowska is that second pen. She has found the invisible writing and she is determined to make it clear to us. With her rich and varied language, intellectual and colloquial at the same time she seeks out the silences and gives them voice. It is a voice that cannot be ignored.

NOTES

1. Elena Poniatowska, «The 'Disappeared'», speech given at the PEN Club and published in the *PEN Freedom to Write Report*. Translated to English by Geoffrey Rips, Dec., 1980, no. 2, pp. 3-5.

2. Elena Poniatowska, *Fuerte es el silencio*, Mexico, Ediciones Era., 1981, 3a. ed., p. 25.

3. *Ibid.*, p. 84.

4. Jacobo Timerman, *Prisoner Without a Name, Cell Without a Number,* New York, Alfred A. Knopf, 1981. Translated to English by Toby Talbot.

5. Elena Poniatowska, *Fuerte es el silencio,* pp. 179-180.

La Saga de Felipe Montero en Busca de la Verdad

MARTHA PALEY FRANCESCATO

¡Ay, pero cómo tarda en morir el mundo!
Consuelo Llorente, 1962

La lucha del hombre contra el poder es la lucha de la memoria contra el olvido.
Mirek, 1971

En 11 de noviembre de 1962 (¿recuerdas, Felipe Montero?, era el día de tu cumpleaños) leíste ese anuncio en el periódico: «Se solicita historiador joven. Ordenado. Escrupuloso. Conocedor de la lengua francesa», y tú, Felipe Prudente, «antiguo becario de la Sorbona, historiador cargado de datos inútiles, acostumbrado a exhumar papeles amarillentos»; tú, Felipe Misántropo, a quien le «gustan estas tareas meticulosas de investigación que excluyen el esfuerzo físico, el traslado de un lugar a otro, los encuentros inevitables y molestos con otras personas», tú acudiste a ese llamado. El trabajo parecía fácil; el sueldo era tentador. Más tentadora aún era la presencia de Aura en esa casa; pero sobre todo, la posibilidad de poder «pasar cerca de un año dedicado a tu propia obra, aplazada, casi olvidada», Felipe Hechizado, «tu gran obra de conjunto sobre los descubrimientos y conquistas españolas en América. Una obra que resuma todas las crónicas dispersas, las haga inteligibles, encuentre las corresponden-

Argentina. Ha publicado *Bestiarios y otras jaulas* y numerosos estudios sobre literatura hispanoamericana. Actualmente dirige el Departamento de Lenguas Extranjeras de George Mason University.

cias entre todas las empresas y aventuras del siglo de oro, entre los prototipos humanos y el hecho mayor del Renacimiento».

Felipe Montero hizo mal los cálculos; su proyecto era demasiado ambicioso para poder completarlo en un año. Logró, sin embargo, llevarlo a cabo entre 1968 y 1974: seis años de trabajo más difícil de lo que suponía; seis años durante los cuales debió salir de la casa en la calle Donceles 815, trasladarse a varios lugares, vencer la molestia de los encuentros inevitables con otras (muchas) personas. Debió también violar el pacto que había establecido con Consuelo; tuvo que dejarla sola en muchas ocasiones y no escuchar sus ruegos y recriminaciones.

Su esfuerzo y su tenacidad comenzaron a engendrar una obra maestra. Consuelo-Aura, resignada, le ayudó a menudo con el beleño, la dulcamara, el gordolobo, el evónimo, la belladona. Estas y otras hierbas le hicieron encontrar una simetría que le había parecido perfecta y monstruosa. Sumido en el delirio y en la lucidez, concibió la gran obra en la que pudo resumir todas las crónicas dispersas y aún otras inexistentes hasta ese momento. Siguiendo los consejos de Aura-Consuelo, le puso como título *Terra nostra*.

Catorce de julio de 1999, en París. Las aguas del Sena han estado hirviendo durante treinta y tres días y medio; las cúpulas y la fachada entera del Sacré-Coeur parecían pintadas de negro; la maqueta del Louvre se había vuelto transparente, consiguiendo la liberación de los espacios puramente convencionales; el Arco de Triunfo se convirtió en arena y la Torre Eiffel en jardín zoológico. Polo Febo, nuestro joven y bello amigo, por primera vez en sus veintidós veranos debe cerrar (con su única mano) la ventana de su pieza en el séptimo piso a causa del olor de esa mañana—olor a carne, pelo y uñas y carne quemados. Polo Febo se pasea entre la niebla de las calles de París cumpliendo con su trabajo de hombre-sandwich, protegido por los dos cartones que anuncian el bar-café-tabequería. Cumpliendo, también, su misión de fantasma en medio de la bruma, ocupando un espacio al que transforma cuando lo ocupa y que a su vez lo metamorfosea a él cuando le impone pensamientos que le dan diversas identidades: Polo Avestruz, Polo Antropólogo, Polo Catequista, Polo Cartesiano, Polo Mutilado, Polo Trivia, Polo Púber, Polo Cinemateca. Ante el espectáculo de las mujeres, de todas las mujeres de París—«las jóvenes y las viejas, las plenas y las magras, las gozosas y las inconsolables, las serenas y las intranquilas» que a lo largo del Quai Voltaire dan a luz—hijos varones todos; todos con seis dedos en cada pie y una roja cruz de carne en la espalda, mujeres que tratan de acusarlo de ser el padre de esos hijos — Polo Febo hace un desesperado intento de reafirmar su identidad: «Yo soy yo, sólo yo. . . les juro que no poseo otro destino». Poló Febo, en la ciudad luz, la ciudad del futuro rey Sol, es otro sol—lo ha sido desde su bautizo: «cantaré el sol» — le han impuesto ese destino al nacer. Y Polo Febo debe cumplirlo, iluminado y oscurecido «por el veloz juego de las nubes y el sol de julio».

Este 14 de julio de 1999 es también 1789, 1968, y es todos los 14 de julio.

La cantinela obsesiva entonada por todos:

El lugar es aquí,
El tiempo es ahora,
Ahora y aquí,
Aquí y ahora

convoca a Petrarca, cuyo «aquí y ahora» fue «una de las grandes fuerzas motivadoras del Renacimiento que él opone al punto de vista abstracto, eterno y unificado de la Edad Media». También convoca a Roberto Michel quien con gran sabiduría había proclamado: «qué palabra, *ahora*, qué estúpida mentira». Pero este «aquí y ahora» en París, el 14 de julio de 1999, es la conjunción y la disyunción; es unidad y dispersión; es el Alpha (y el Aleph). Polo escapa y se refugia en el Pont des Arts por donde nadie transita y que brilla con un solitario equilibrio. En la mitad del puente se rompe este equilibrio solitario: una muchacha, Celestina, lo espera; le dice palabras extrañas, le cuenta una historia que Polo no comprende, le quiere imponer otra identidad, otro destino. La lluvia empieza a caer, borrando las palabras de los cartones que protegen a Polo Febo, hombre sandwich atrapado entre dos mundos. La lluvia y la muchacha destruyen su identidad y rompen el equilibrio que Polo había conseguido en su vida; roto este equilibrio, y a pesar de que trata de aferrarse a su destino aparente, a su inocencia, y a la vida sencilla y fácil que vive, Polo cae e las aguas revueltas del Sena.

Polo Peregrino reaparece el 31 de diciembre de 1999 en París, en el séptimo piso del viejo inmueble y del hotel. Han pasado cinco meses y medio entre su caída y su reaparición, entre la ida y la vuelta, entre el va-i-vén, entre el Alpha y el Omega.

Han pasado también viente siglos: la segunda oportunidad de la historia, una segunda oportunidad que ofreció la posibilidad de «escoger de nuevo, evitar los errores, reparar las omisiones, ofrecer la mano que la primera vez no tendimos»; oportunidad que la historia no supo aprovechar; «se repitieron los mismos crímenes, los mismos errores, las mismas locuras, las mismas omisiones que en otra cualquiera de la fechas verídicas de esa cronología linear, implacable, agotable».

En esa segunda oportunidad predomina «la crueldad del excremento que a todos nos iguala», el estiércol, la mutilación, la locura y las taras heredadas de un segundo comienzo también falso: mentes enfermas en cuerpos enfermos. La posibilidad de América, que era la Utopía, ha caído también, vencida por la pesadilla de la historia. La lucha ha sido entre el pasado y el presente, entre la memoria y el olvido. Celestina, con sus dos bocas, sus labios tatuados, es la única que puede transmitir la memoria, responder a la constante pregunta de los tres náufragos: «¿Quién soy yo?» Pero Celestina pasa «la memoria que a ella le pasó el diablo disfrazado de Dios, Dios disfrazado del diablo». Celestina tiene *dos* bocas, *dos* verdades, y sus labios tatuados cuentran *otra* historia. Para Calisto, «en boca de Celestina está ahora aposentado el alivio o pena de mi corazón»; en su lengua «está mi vida».

Para los náufragos, para Polo Febo, en boca de Celestina está aposentado el pasado o el presente; en su lengua están sus vidas o sus muertes. «¿Venimos a reír o a llorar; estamos naciendo o muriendo? ¿Principio o fin, causa o efecto, problema o solución: ¿qué estamos viviendo?» se preguntaba Polo Febo el 14 de julio de 1999. La respuesta se la da Celestina el 31 de diciembre de 1999: «no habrá más vida. . . la historia se repitió. . . la historia fue la misma: tragedia entonces y farsa ahora, farsa primero y tragedia después, ya no sabes, ya no te importa». ¿Qué es, entonces, la historia? quiere saber Polo Febo, ingenuamente. De inmediato, centenares de voces pugnan por hacerse oír—todas tienen la respuesta. Lévi-Strauss habla primero: «las fechas justifican la búsqueda de relaciones temporales del historiador y sancionan la conceptualización de los hechos en términos de la relación entre *antes* y *después*. Pero aún esta confianza en la cronología de los documentos no exime al historiador de interpretaciones míticas de los materiales»; «el criterio de la validez no se puede encontrar entre los elementos de la historia». Sartre le dice que «el pasado es lo que cada persona *decide* recordar; elegimos nuestro pasado de la manera en que elegimos nuestro futuro. El pasado histórico, por lo tanto, es, al igual que nuestros pasados personales, a lo más un mito que justifica nuestra jugada en un futuro específico, y a lo menos una mentira, una racionalización retrospectiva de lo que somos y en lo que de hecho nos hemos convertido a través de nuestras elecciones». Nietzsche (a través de Foucault) le susurra, «queremos que los historiadores confirmen nuestra creencia que el presente se apoya en intenciones profundas y en necesidades inmutables. Pero el verdadero sentido histórico confirma nuestra existencia entre incontables hechos perdidos, sin una señal o un punto de referencia.» «En apariencia, o más bien de acuerdo a la máscara que usa, la conciencia histórica es neutral, está desprovista de pasiones, y comprometida solamente con la verdad». Foucault (ahora con su propia voz) agrega: «La historia no permite al ser humano escapar de sus limitaciones iniciales—excepto en apariencia, y si tomamos la palabra limitación en su sentido superficial; pero si consideramos el carácter fundamentalmente finito del ser humano, percibimos que su situación antropológica nunca detiene la progresiva dramatización de su Historia, nunca deja de hacerla más peligrosa y acercarla aún más a su propia imposibilidad. En el momento en que la Historia llegue a tales límites, no puede más que detenerse, temblar por un instante sobre su eje, e inmobilizarse para siempre».

Otros, muchos, le gritan que «la historia no es sólo una pesada carga impuesta al presente por el pasado en forma de instituciones, ideas y valores pasados de moda, sino también *la manera de mirar al mundo* que da a estas formas pasadas de moda su aparente autoridad». Luego Hayden White, pacientemente, le explica que es por todo ello que tantas obras modernas de ficción tratan de liberar al ser humano de la tiranía de la conciencia histórica; sólo así se podrán confrontar con creatividad los problemas del presente». «Efectivamente,» interrumpe Carlos Fuentes (que por derecho tiene la última palabra), «el arte da vida a lo que la historia ha asesinado. El arte da voz a lo que la historia ha negado, silenciado o perseguido. El arte rescata la verdad de manos de las mentiras de la historia».

Polo Febo escucha todas estas voces que, en vez de darle una respuesta, han contribuído a su estado de confusión total. Pero Felipe Montero ha escuchado todo y cree entender. Reflexiona: ¿han sido palabras del diablo disfrazado de Dios o de Dios disfrazado del diablo? Ha llegado al final de su camino— está exhausto; veinte siglos condensados en cinco meses y medio son testimonio de la historia que él ha escrito—*su* historia—; a través del arte ha logrado dar voz y vida a lo que las otras historias han asesinado y negado; ha conseguido rescatar la verdad. Está convencido que lo ha logrado.

Pero también asoma una duda: ¿esta tierra es verdaderamente *nuestra*? ¿Por qué la maltrataron, la usaron, la violaron y la devastaron todos—los del viejo mundo y los del mundo nuevo? Proaza (o tal vez Fernando de Rojas—no puede distinguir bien) lo consuela, le murmura al oído: «Sin lid y ofensión ninguna cosa engendró la natura, madre de todo».

Por ser quien es y de donde es, Felipe piensa que si está mirando «un traslado del pasado histórico a un futuro que carecerá de historia, ese traslado tiene que ser el de la menos realizada, la más abortada, la más latente y anhelante de todas las historias: la de España y la de América Española». España malgastó el poder y las riquezas de América y murió sumida en sus propios excrementos; América (y especialmente México), se cubrió la cara con una máscara de plumas con un centro de arañas muertas—hermosa, sí, pero máscara al fin. Recuerda las palabras del Monje Simón: «un pueblo sin historia no se redime del tiempo, pues la historia es un tejido de instantes intemporales. Ludovico es el maestro; enseña que la verdadera historia será vivir y glorificar esos instantes temporales y no, como hasta ahora, sacrificarlos a un futuro ilusorio, inalcanzable y devorador, pues cada vez que el futuro se vuelve instante lo repudiamos en nombre del porvenir que anhelamos y jamás tendremos». Recuerda, también, las palabras de Husserl: «la forma universal de toda experiencia, y por lo tanto de toda vida, ha sido siempre y será siempre el *presente*. Sólo el presente es y siempre será».

Felipe mira a su alrededor, al final de su historia que es ahora su presente: Polo Febo y Celestina están haciendo el amor; las máscaras que les habían cubierto la cara unos minutos antes han caído al suelo; Polo Febo y Celestina: la última pareja en un mundo aniquilado por su propio pasado lleno de inmundicias, buscándose y encontrándose en la unión sexual. Felipe Montero, abrumado por tanta sabiduría, tantas contradicciones, no sabe cómo concluír su historia. Necesita ayuda, inspiración. Piensa que tal vez pueda encontrar la verdad en el manuscrito que contiene una de las botellas verdes que permanece lacrada. Antes de abrir la botella que sostiene en su única mano, antes que suenen las doce campanadas en las iglesias de París, anunciando el nuevo siglo, Felipe oye las palabras que gritan Celestina y Polo Febo mientras hacen el amor: *eran due in uno, ed uno in due*. Consciente de su omnipotencia, Felipe toma una decisión: los convierte en *uno in due, ed due in uno*; les da un nuevo génesis. Ahora hay un solo cuerpo en el cuarto del Hotel du Pont Royal—un cuerpo de rey y de reina, de diosa y de dios, un cuerpo que sigue buscando el placer y que siempre lo podrá encontrar.

«No sonaron doce campanadas en las iglesias de París; pero dejó de nevar, y al día siguiente brilló un frío sol».

Y *ahora*, sí, Felipe Rey Sol, inmensamente satisfecho, abre la botella y comienza a leer el manuscrito que contiene todas las respuestas, todas las verdades.

Crónica de una muerte anunciada, de G. García Márquez: reportaje, profecía y recuento

GERMÁN D. CARRILLO

«Lo vio desde la misma hamaca y en la misma posición... cuando volví a este pueblo olvidado tratando de recomponer con tantas astillas dispersas el espejo roto de la memoria» (*Crónica de una muerte anunciada**, p. 14)

Un acercamiento inicial a *Crónica* ... pone de manifiesto *tres* aspectos claramente discernibles en la manera en que García Márquez ha querido hacer entrega de su novela-relato al lector: (1)—Puede interpretarse como un *reportaje* penetrante, documentado hasta la nimiedad, incluyendo la cronología de los hechos reconstruidos en sus minutos y segundos para ser entregados en su versión definitiva al lector, y por ende, a los anales del mejor periodismo. (2)—Podría a la vez ser vista como una narración de hechos insólitos pero verificables, narración ésta fuertemente enraizada con lo *profético* e incrustada, a manera de guadaña, en alguna cornisa (*astilla* en la terminología de García Márquez) del tiempo que solo espera su caída inevitable, el *tiempo cero* del cumplimiento cuando la cuerda de este reloj se termine para cumplir su misión: «Nunca hubo una muerte más anunciada» (p. 83), nos dirá una y otra vez el autor el enfatizar la inevitabilidad de lo profético. Se dan aquí, en esta segunda perspectiva, encuentros y cruces innumerables entre la línea recta de lo que podría llamarse «fatalidad» o «destino» y las múltiples circunstancias

---

Nació en Pamplona, Santander, Colombia. Ha publicado: *La narrativa de Gabriel García Márquez (ensayos de interpretación)* y numerosos artículos sobre literatura hispanoamericana. Es profesor de Marquette University.

salvadoras que hipotéticamente hubiesen podido torcer o retrasar el cronometraje fatídico. A medida que la lectura avanza, crece el desasosiego en el lector, abrumado por la imposibilidad del cambio que como una bomba de tiempo indesmontable cumple su cometido a pesar de las muchas coincidencias «salvadoras»: «La realidad parecía ser que los hermanos Vicario no hicieron nada de lo que convenía para matar a Santiago Nasar de inmediato y sin espectáculo público, sino que hicieron mucho más de lo que era imaginable para que alguien les impidiera matarlo y no lo consiguieron» (p. 81). La lista de circunstancias que hemos denominado *salvadoras* incluiría: buscarle en casa de la complaciente María Alejandrina Cervantes por donde habría de pasar medio pueblo menos Santiago, la espera de los hermanos asesinos en le tienda de Clotilde Armenta anunciando a cuanto cliente ocasional pasó por allí aquella madrugada sus intenciones de matar a Santiago, la salida de Santiago por la puerta trasera de su casa, hecho de suyo insólito ya que nunca la usaba, el acto de afilar los cuchillos en el mercado mientras los hermanos Vicario contaban al carnicero Faustino García y a sus primeros veintidos clientes madrugadores el motivo por el que afilaban esas armas, el recado enviado por el mismo carnicero por intermedio del agente Pornoy al alcalde, Coronel Aponte, antes de que saliese al puerto a recibir al obispo, el mismo hecho de que Plácida Linero, madre de Santiago, hubiese cerrado la puerta de la casa impidiéndole la entrada salvadora a su hijo creyendo que él ya estaría a salvo dentro mientras era seguido por los asesinos, la nota anónima dejaba debajo de la puerta de la casa de la víctima y que él nunca leería, el recado enviado al cura Amador a través de las monjas que fueron a comprar leche a la tienda de Clotilde, ete. etc, hechos todos estos que acumulados harán que el lector comparta la desesperanza que Clotilde expresaría así: «Clotilde Armenta sufrío una disilusión más con la ligereza del alcalde, pues pensaba que debía arrestar a los gemelos hasta esclarecer la verdad... Es para librar a esos pobres muchachos del horrible compromiso que les ha caído encima» (pp. 92-93). (3)—Y finalmente como punto número tres, la novela podría verse en conjunto como un *recuento* realizado en el acto de lectura, a través del cual el autor hace que el lector reviva junto a él una sentencia o conspiración del destino que, aunque hace más de veinte años ha sido cumplida, no ha perdido un ápice de su naturaleza emotiva, fascinante y descabellada.

Mediante la técnica del *reportaje* actualizado la obra va configurando su doble cara de novela y crónica periodística, efectuada por un narrador que, utilizando su YO personal, entra y sale de sus páginas a voluntad, en virtud de su singular papel dual de investigador que aclara y reconstruye los pormenores del crimen muchos años después, y también en calidad de testigo, partícipe y compañero de Santiago Nasar en aquellas horas alegres que precedieron al crimen aquel lunes aciago después de tan suntuosa y estrafalaria boda seguida de tan desaforada fiesta. Era la boda la Bayardo San Román y Angela Vicaro, la boda del siglo en este pueblo.

Refiriéndose a ese YO en su condición de investigador que reconstruye la escena en la que él mismo fuera partícipe entonces, siendo apenas un adolescente coetáneo de la víctima, el autor nos abre algo de su intimidad anotando casi el descuido:

> En el cursc de las indagaciones para esta crónica recobré numerosas vivencias marginales, y entre ellas el recuerdo de gracia de las hermanas de Bayardo San Román, cuyo vestidos de terciopelo con grandes alas de mariposas. . . llamaron más la atención que el penacho de plumas y la coraza de medallas de guerra de su padre. Muchos sabían que en la inconsciencia de la parranda le propuse a Mercedes Barcha que se casara conmigo, cuando apenas había terminado la escuela primaria, tal como ella misma me lo recordó cuando nos casamos catorce años después (p. 72).

Hemos visto que lo profético hace que todo lo inscrito en la crónica, a manera de sentencia en el tiempo venidero, adquiera un caracter definitivo de fatalidad, extrañamente contagiada de lo melodramático, que suscitaría cierta risilla sardónica en el lector, en el instante en que la desposada, devuelta a casa de sus padres la misma noche de la boda por un marido humillado en su honra de varón, implícitamente acusada de «no ser virgen» y quien al decir el nombre de «Santiago Nasar», como hubiese podido decir «Gabriel García Márquez,» sus palabras de convierten en una sumarísima sentencia de muerte. Era todo lo que necesitaban oir los hermanos de la esposa devuelta para iniciar la limpieza del honor mancillado. Este acto de condena aparece registrado en términos francamente predestinatorios, al anotar escuetamente: «Ella se demoró apenas el tiempo necesario par decir el nombre. Lo buscó en las tinieblas, lo encontró a primera vista entre los tantos y tantos nombres confundibles de este mundo y del toro, y lo dejó clavado en la pared con su dardo certero como a una mariposa sin albedrío cuya sentencia estaba escrita desde siempre.

Santiago Nasar — dijo» (p. 78).

Aunque la grave acusación nunca se llegaría a probar, curiosa e irónicamente, Angela Vicario no se retractaría ni siquiera 23 años depués ante el entrevistador quien fuera a la Guajira a verle («moridero de indios»), desierto al que la llevaría su madre como si fuese un purgatorio expiatorio: «Ya no le des más vueltas, primo— me dijo—. Fue él» (p. 145).

A través del llamado *recuento* el autor hace que el lector reviva los pormenores de aquel cruento ajuste de cuentas con un destino a todas luces equivocado y torcido: «Nadie podía entender tantas coincidencias funestas» (p. 23); o: «Nadie se preguntó siquiera si Santiago Nasar estaba prevenido, porque a todos les pareció imposible que no lo estuviera» (p. 35). Trae a la memoria el recuerdo de aquellos gemelos Buendía de destino equivocado en la vida y en la muerte, cuando Santiago Nasar, haciendo de chivo expiatorio, vestido de lino blanco, transparente, visto como si fuese de aluminio, ánima en pena antes de morir, imagen equivocada de un cristo, tendría que pagar los «pecados» de los demás cuando apenas empezaba a hacer sus primeras armas ante la vida sin sospechar apenas la coartada de su trágico destino. Y sin embargo, rememorando con el YO-investigador, y admitiendo lo absurdo del crimen, no faltaría quien justificase lo sucedido, con argumentos emparentados con el drama clásico de capa y espada, tragicomedia de errores del siglo de oro español en el trópico: «La mayoría de quienes pudieron hacer algo por impedir el crimen y sin embargo no lo hicieron, se consolaron con el pretexto de que los asuntos de honor son estancos sagrados a los cuales solo tienen acceso los dueños del drama: 'La honra es el amor', le oía decir a mi madre» (p. 155).

En *Crónica* ... García Márquez supera y además suplanta el legendario Macondo de toda su producción anterior por un Aracataca de la geografía real colombiana, demarcable, junto a un mar Caribe mágico y sorprendente, dispuesto siempre a la hipérbole y por cuyo río subirían la novedad y el cambio del mundo de más allá de la Ciénaga, sin que falten aquí los ya consabidos tonos de humor, mezclados con lirismo y rayanos en el más desenfadado absurdo, tales como los siguientes: las crestas de gallo para el obispo (¡el resto del gallo se tira!), el bramido del buque en el que pasaría sin detenerse el obispo de visita por la comarca a la manera del risible «BIENVENIDO MR. MARSHAL» de la posguerra española, las fiebres crepusculares de una hermana de la novia y cuya muerte les haría guardar riguroso luto de años en el calor insoportable del trópico, la misma búsqueda quijotesca e irrisoria por los calcinados pueblos del Caribe de «mujer para casarse» en el personaje del novio guapo, rico y misterioso —Bayardo San Román— que tanto lo aproximan a los Buendía de las «empresas delirantes» y de «hacer para deshacer», la compra en efectivo de la suntuosa mansión del viudo del Xius, le siesta fortuita del novio con la recomendación expresa de que le recuerden al despertar que se va a casar con Angela Vicario a quien acaba de ver pasar acompañada de su madre, etc. etc.

Junto a Santiago, víctima y eje de la *Crónica*, aparecen como protagonistas contrapuestos más que antagonistas y con la misma tinta indeleble de seres marcados por la desgracia, aquella pareja inverosímil que forman Bayardo San Román con su fortuna, fama y dotes personales, junto a Angela Vicario, mujer cursi, insignificante, pobre y modesta. Sobre estos tres seres se podría establecer el tradicional triánglo amoroso, solo que aquí aparecen atados por el hilo misterioso de la tragedia más que por la complicidad del amor, una variante más del absurdo trágico-cómico que permea la novela por todas partes. En contraste con los dos varones que tenían todas las cartas para ganar en el juego azaroso de la vida, se nos da una radiografía de la novia causante de la desgracia, en términos poco halagüeños: «... tenía un aire desamparado, y una pobreza de espíritu que le auguraban un porvenir incierto... su penuria de espíritu de agravaba con los años. Tanto, que cuando se supo que Bayardo San Román quería casarse con ella, muchos pensaron que era una perfidia de forastero» (p. 53).

La cronológia de los hechos exige del novelisata cierta maestría encomiable para que dentro de un marco temporal que podría extenderse hasta los seis meses con los comentarios epistolares de la madre al hijo interno en el colegio de Zipaquirá, va gradualmente reduciéndose e intensificándose hasta una hora (de seis a siete de la mañana), de un «lunes aciago» (que recuerdan los eternos lunes del cuarto de Melquíades), después de un fin de semana de boda y fiestas que súbitamente se metamorfosearían en tragedia. El lector, llevado de la mano por el narrador-testigo, va saltando de un personaje a otro, a manera de cámaras simultáneas y con el tiempo del reloj apremiante en lo que constituiría algo cercano a la omnivisión humana posible, revive junto a él, en un acto de catarsis individual impuesta por el texto cada vez más riguroso a medida que aumenta el tempo y dismuye el tiempo disponible del reportaje que llama a su final, revive toda la sinrazoń de un POR QUE inescrutable y hermético, parco e incompleto en respuestas y que solo deja en el ánimo del lector la

PERPLEJIDAD como única respuesta posible, frente a una encrucijada del destino caprichoso e imprevisible que llevaría también al anónimo juez instructor del sumario a anotar marginalmente: «La fatalidad nos hace invisibles» (p. 180). *Crónica de una muerte anunciada* llega a ser la simbiosis lograda del periodista-novelista, después de tantos éxitos sonados pero aislados en cada una de estas dos modalidades literarias y que por fin aparecen aquí magistralmente aunadas.

CONCLUSIONES

La reconstrucción de los hechos de *Crónica...* es decir, su verificación, impone un acto individual realizado por ese YO (investigador—entrevistador-escritor), pero la visión que se logra de ellos hace constatar una y otra vez que la «realidad» difiere, se diluye, se deslíe por la labor corrosiva de la memoria que falla, desvirtúa e incluso desfigura lo que se creía como cierto. El lector reconstruye el laberinto de retazos de la realidad dispersa en mútliples hebras que saltan simultáneamente de la madeja central recomponiendo «las tantas astillas en el espejo roto de la memoria de los personajes» (p. 14).

Puesto que no puede haber respuestas definitivas a ninguna pregunta suelta, por inquietante y acuciante que parezcan éstas, el lector no tiene otra alternativa que seguir el rastreamiento de la reconstrucción de la misma manera que lo haría con un juego, adivinanza e incluso «puzzle» puesto ante sus ojos.

La idea de la *Crónica* como «novela-puzzle» con infinidad de piezas sueltas y dispares desparramadas sobre un tablero que puede ser el pueblo entero, pone de manifiesto el uso, casi exclusivo, que García Márquez ha hecho de la llamada «técnica del mosaico» mediante la cual las «piezas» o «tejas» sueltas del diseño se van reorganizando en torno a un esquema clarificador e inteligible. Lo cual no quiere decir que esta novela sea un *divertimento* a la manera de la novela policíaca, ni un capricho intelectual con intenciones lúdicas. Al contrario, el peso de humanidad es aquí tan poderoso que el interés del lector no decae un momento, implusado más por la perplejidad que por la simple curiosidad al querer entender *cómo* ha podido acontecer todo lo que ha acontecido.

Finalmente, conviene notar que los capítulos que siguen a la consumación del crimen de Santiago Nasar, a pesar de su naturaleza anticlimática, cumplen la misión de satisfacer la curiosidad que pueda haber en el lector sobre el destino de los otros dos integrantes del que hemos llamado «triángulo fatal»: Angela Vicario y Bayardo San Román. Allí aprendemos, a la manera de la telenovela, que Angela por fin se enamoró de Bayardo después del repudio y que gastó buena parte del resto de sus días en una correspondencia alucinante que la llevaría a componer más de dos mil cartas sin que realmente esperase respuesta a una de ellas. Y sin embargo, un buen día aparecería intempestivamente Bayardo con un fardo de cartas ordenadas, envueltas en cintas de diversos colores y todas sin abrir: «Bueno—dijo—, aquí estoy» (pág. 153). La perplejidad del lector ante tanta simpleza no le permitiría otra conjetura que la siguiente: ¿y si éste era el fin, opaco y pedestre, para qué tanto principio altisonante y enternecedor? Seguramente que la repuesta sibilina nos la susurraría el mismo autor con algo así como: así es la realidad y el embrujo del trópico desconcertante; hay que haberlos vivido para poderlos desentrañar.

NOTA

*Barcelona, Bruguera, 1981.

Organizaciones populares y literatura testimonial: los años treinta en Nicaragua y El Salvador

ILEANA RODRIGUEZ

A los pocos pero substanciosos estudios históricos y sociológicos que existen sobre Centro América, y que han venido a recoger, desde una perspectiva acertada, la matriz estructural restricta en que se dieron las insurgencias populares, deben añadirse, desde luego, los aportes del género testimonial. Este género pone en evidencia que cada día es más dificil distanciar el análisis o la crítica literaria y cultural, en ella comperndidos todos los parámetros, variables y modelos discutidos hasta ahora por las diversas escuelas y metodologías literarias, y el análisis más riguroso a que se dedican las ciencias sociales, ahí comprendidos la sociología, con su contribución a debates en torno al estado, las clases sociales y la institución militar, o la antropología de nuevo corte, con su insistencia en la importancia en las tradiciones populares, aun no bien conceptualizadas, y en la experiencia de la vida cotidiana. El género en cuestión se presta entonces de manera modélica a mediar entre varias corrientes cognoscitivas que hallan en él un medio ambiente propicio a la simbiosis.

Por su frescura y lozanía que abre brechas en el largo camino que hay que recorrer para desentrañar los secretos ocultos en esa inédita tradición popular; por su idoneidad para plasmar acontecimientos hasta ahora ignorados por la cultura ilustrada; por su acceso directo a formas de pensamiento hasta ahora desconocidas, cuando no despreciadas; por el esfuerzo por plasmar una cotidianeidad antes de

Nació en Nicaragua. Ha publicado numerosos estudios sobre literatura latinoamericana. Es profesora de literatura en la Universidad de Minnesota.

que se extinga su luz, su fuerza, su candor, el género testimonial es merecedor de la atención de los productores culturales interesados en generar y diseminar formas y patrones alternos a los ya existentes, y en contribuir al debate sobre culturas populares, historias culturales, historias de las ideas, o simplemente identificación de las fuerzas vivas de la ideología dentro de la cotidianeidad.

Vale la pena, por tanto, preguntarse qué es lo que el género aporta que no hayan ya rendido otras formas del pensamiento; qué es lo que esperamos encontrar en él que no se dé en otras manifestaciones intelectuales o culturales. En los casos aquí trabajados, el de *Miguel Marmol. Los sucesos de 1932 en el Salvador* (Educa, 1972), de Roque Dalton, y el *Maldito País* (El Pez y la Serpiente, 1979), de José Román, se obvia, desde luego, el intento por hacer conocer la relación entre luchas políticas y desarrollos culturales en su interrelación. Ambos testimonios dan pie a la especulación sobre la relación entre estas dos esferas de la realidad, hasta ahora poco trabajadas nacionalmente y total o parcialmente ignoradas en el terreno internacional.

Guardando todo sentido de proporción, y sin que priven equívocos valorativos, tanto en la vida y acción de Miguel Marmol, como en la de Augusto Cesar Sandino, de la cual tratan estos textos, se encarnan acontecimientos públicos de gran trascendencia, cuyas consecuencias más recientes todos hemos tenido directa o indirectamente que compartir. La figura magna aquí es la de Sandino, porque en ella cobran vigor no sólo la insurgencia anti-imperialista de los años 27 al 30 en Nicaragua, sino porque su tradición alimenta la organización de la resistencia nicaragüense, que desembocó en la revolución victoriosa; tan es así, que resulta extraño hablar de él en formas que no sean públicas, genéricas, masivas. El caso de Miguel Marmol sirve de contrapunto: él ilustra la ruta del militante del PC salvadoreño a través de su recorrido cronológico, con sus vicisitudes y polémica interna y externa. Tenemos aquí, pues, la figura del líder de las guerrillas, vanguardia anti-imperialista continental de sus días, y la del militante distinguido, miembro de Comité Central, organizador de la clase trabajadora. En su trayectoria vamos a notar la íntima relación entre vida personal y vida política, que trasciende o se traduce a vida histórico-nacional y regional, y desarrollo cultural.

Lo que se destaca de inmediato en estos dos testimonios, es la conjunción de la perspectiva literaria y política de donde vienen estos dos textos, escritos por dos periodistas novelistas centroamericanos en dos coyunturas diferentes. En sus respectivos prefacios, Roque Dalton y José Román aclaran su posición respecto a lo testimoniado e indican en qué forma y bajo qué circunstancias se llevó a cabo éste. Para Roque, el militante comprometido dentro de la izquierda militante, conciente de su compromiso con la resistencia política y obviamente interesado en el desarrollo y expresión de las formas literarias que adquiere la expresión cultural, Marmol presenta a la vez una fascinación literaria y un problema político. Por eso la cuestión de la edición, redacción del manuscrito y la censura tienen un papel importante. Para José Román, novelista inscrito dentro de formas literarias, diríase acríticas y quizás un poco inconscientes, la figura de Sandino es como un sol refulgente que ejerce total fascinación sobre él, prócer más allá del alcance de todo comentario crítico posible. Este momento de deslumbre torna la figura de Sandino en un personaje de leyenda, casi en un ente de ficción, porque, al parecer, Román trata de capturar la esencia de una personalidad, el porqué del ser, la fuerza interna de Sandino. En este sentido, Sandino está mucho mejor caracterizado que Miguel Marmol, y *Maldito Pais* es más una obra lírica, poética que el libro de Dalton, el cual tiende, en vez, a la autobiografía menos ficcionalizada y más ensayística. En este trabajo vamos justamente a señalar los problemas en torno a la caracterización de un prócer y alrededor de la relación cultura popular, ciencias sociales, tal y como éstas se encuentran disponibles tanto en la recopilación como en el análisis del testimonio.

El Miguel Marmol de Roque Dalton

Miguel Marmol de Roque Dalton aporta en primera instancia y como su mismo autor dice, «el recogimiento de unos cincuenta años de historia salvadoreña (particularmente la que se refiere al movimiento obrero organizado y al Partido Comunista) y de un trozo de la historia del movimiento comunista internacional y de la Revolución Latinoamericana» (p. 7); y en segunda, «las resultantes culturales de la historia salvadoreña anterior y en desarrollo, que se concretizaron en derredor de un nutrido informante tal y como su *habitat* sociogeográfico las conformó» (p. 18), ya que él es «ideológicamente *también* producto de lo que Lenin llamaba 'cultura nacional en general'» (p. 18).

Lo más digno de mención de la historia de este personaje es que él es un sobreviviente, un testigo presencial de la «gran masacre anticomunista de 1932 en El Salvador...el hecho que más ha determinado el caracter del desarrollo político nacional en la época republicana»

(p. 7). Su aporte en el terreno cultural es su habitat socio-geográfico, que, según Dalton, sería descrito por la jerga de «los antropólogos norteamericanos» como la mezcla de los «componentes culturales cosmopolita (de origen europeo principalmente), de la 'clase alta local,' de las nacientes capas medias, de los trabajadores rurales estables (pequeños campesinos, pescadores), trabajadores urbanos (principalmente artesanos), etc., e inclusive componentes de cultura indígena (nahoas ladinizados) decadentes y sobrevivientes...en el marco de una *cultura nacional*» dominante (p. 19). A esta mezcla tan compleja como exacta se añaden los elementos de cultura democrática conformando lo que se llama «la tradición revolucionaria del pueblo salvadoreño» (p. 19).

La vertiente histórica de la vida de Miguel Marmol ha encontrado fuera de los marcos del testimonio, su articulación teórica. Edelberto Torres Rivas, por ejemplo, al hablar de la crisis del poder centroamericano, se refiere a los años treintas como el período en el que el resquebrajamiento de las relaciones constitucionales, sumados a los seculares conflictos oligárquicos, permitieron la ingerencia militar, que, si en un principio medió conflictos, se fue tornando cada vez más autónoma. La masacre del 32 que vivió Marmol, entonces, es el punto álgido, fin y principio de estructuras que atañen al papel del Estado (¿comité ejecutivo de la burguesía?), y sus instituciones, como el ejército (¿brazo armado de la oligarquía?), en la vida nacional. Los textos sociológicos e históricos, entonces, nos dan la imagen técnica, más completa de la objetividad material de un proceso social. El testimonio nos ofrecería, por así decirlo, el aspecto subjetivo, el lado humano y vital de esa misma situación. La vida cultural, entendida en su sentido más lato y pendiente de su conceptualización más precisa, es lo que podemos encontrar, trabajar y extraer del testimonio. Aunque hay que advertir, que incluso dentro del lenguaje de las ciencias sociales, encontramos ya formulaciones indirectas de este comportamiento subjetivo. Torres Rivas dice, refiriéndose a la crisis actual que «El peso de los factores subjetivos, también acumulados en largos años de derrotas y sacrificios, traducen lo objetivo en una determinación de cambio. La continuidad ya no es posible porque el tiempo de la normalidad se agotó. La crisis aparece como una impaciencia colectiva y es vivida por las clases dominantes como una gran desobediencia popular...una desobediencia generalizada que es, en la otra óptica, una falta de autoridad.»[1]

Todo parece indicar que el entronque entre cultura y sociedad, entre la subjetividad y su expresión objetivada en estructuras sociales y en movimientos organizados es lo que motivó a Dalton a pedirle a Marmol su testimonio. Precisamente al oirle narrar el incidente de la masacre del treinta y dos y su participación en él, pensó que «la secuencia de su fusilamiento...daba de por sí para un artículo narrativo, para un cuento o algo por el estilo» (p. 28). El periodista-literato captaba así una materia prima útil para enriquecer su oficio. Dice incluso que llegó a pensar en un poema; algo así, decimos nosotros, como el poema sobre la muerte de Maximiliano Hernández Martínez, responsable de la masacre del 32, titulado «La segura mano de Dios.»

Hay que apuntar, desde ya, que la masacre es sólo uno de los muchos incidentes relevantes dentro de esta narrativa de recopilación de datos vividos durante más de una insurgencia no registrada en su inmediatez por testigos presenciales. Es más, hay otros incidentes relevantes, propicios para el trabajo de campo, como el de la experiencia en la cárcel, donde Marmol simpatiza con el militar que gobierna el presidio. Este decide medianamente protegerlo. Protagonista y antagonista establecen una relación que va a costar muy cara a Marmol a su salida de la prisión. ¿De qué trata este incidente? ¿Es traición a la causa, debilidad personal, alianza inter-clasista y laboral, pluralismo ideológico ensamblado en los puntos de contacto, coincidencias humanas, gustos personales? Todas estas hipótesis entran ahí a explicar una situación embarazosa, más para Marmol que para el militar; pues mientras éste ofrece ayuda, al parecer desinteresada, aquél tiene que explicar el porqué de las relaciones entrambos, aguantar la aislación y la sospecha, y útlimamente persuadir a sus camaradas que accpeten la ayuda que él ofrece, ya que este enemigo puede ser, después de todo, un verdadero colaborador. Este incidente, que ficcionalizado sería digno de una novela de contra espionaje, puede iluminar contradicciones sociales y formas de comportamiento diario que, en el mejor de los casos, representan nuevas formas de relación social no tradicional; y en el peor, formas usuales, en las que bajar la guardia y confiar conduce a la captura y hasta a la tortura y la muerte.

Es una característica o rasgo general, sí, que en su conjunto,la seleción de incidentes y su articulación formal censurada, pone en evidencia cruces culturales e ideológicos. Para dar una muestra, y pensando en una posible teoría de la cultura popular, o democrática, o revolucionaria, ésta tendría forzosamente que bregar con el deslinde y corte entre los diferentes componentes semánticos que aporta cada fracción de clase dentro de una misma personalidad, y llegar a explicar coherentemente porqué la formación de la persona privilegia, homogeiniza y hegemoniza ciertas mezclas sobre otras, y si éstas serían características o «típicas» de un sector social más amplio y porqué. Los capítulos sobre la infancia y la formación familiar en ambos testimonios, dan abundantes pautas para tal estudio. Dalton formula este problema de la manera siguiente: «también se podría estudiar o simplemente plantear con algún detenimiento el submundo de las llamadas «ideologías particulares» en Marmol: los elementos de la educación familiar...; las supersticiones ambientales sólidamente arraigadas en la población a partir de la mitología indígena y que en el mismo Mármol han creado una indudable 'psicología de lo extraordinario y de lo sobrenatural'...psicología que, por otra parte, dota de clima nada común a diversos ejemplos de su rico anecdotario» (p. 23).

Aunque Dalton reconoce que para un estudio de tal magnitud sería necesario estar entrenado en etnología y psicología, esto no obsta para ver todas las posiblidades que el campo ofrece, entre ellas, el estudio de la interacción humana dentro de las organizaciones populares, de sus debates, tópicos relevantes, lemas, sueños, ilusiones y líneas de desarrollo en torno a estos aportes clasistas. Para una tal teoría sería impositivo relacionar las tendencias particulares con las fuerzas instructivas, cooptadoras o coercitivas de las instituciones sociales, que, a la manera de grandes maestros o correccionistas, canalizan las energías individuales y colectivas. Reitero aquí que unas dosis saludables de sicología, darían lozanía y añadirían frescura a tales planteamientos, incorporando a su vez, sin miedo, la utilidad y aporte de la psicología al entendimiento de las ideologías que rigen la vida humana dentro de una sociedad. Ya decíamos que dentro del terreno psico-social, las relaciones familiares son de suma utilidad. En su seno se da la toma de conciencia del ser biológico, psicológico y social amorfa, que va recalcando sus contornos en su contacto con el exterior. Sorpresivamente para el lector, el sector social de Marmol, visto sobre el trasfondo de los testimonios de Oscar Lewis, de María de Jesús, de la protagonista de *Hasta no verte Jesús mío* de Elena Poniatowska, abunda en la ternura y la solidaridad, y mengua en el conflicto y la violencia privativo de aquéllos. Tanto en el lenguaje popular, dicharachero, rico en expresiones semánticas de corto y largo alcance histórico, hay una riqueza inédita lista para elaborar.

En Marmol se ilustran todos estos problemas nombrando grandes tradiciones, sin adentrar en su particularidad. Así, Dalton habla de la «tradición simultaneamente comunitaria y agrarista-revolucionario de los peones y jornaleros (proletariado agrícola en proceso de desarrollo) concentrada en las hazañas de los pueblos nonoalcos lidereados en la primera mitad del siglo XIX por Anastacio Aquino» (p. 7). Apunta de esta manera tanto a categorías móviles, a variables en proceso de transición (clases que cambian, tradiciones que perduran) como de la preservación de la tradición de resistencia, sin decir cómo sucede ésto. A nosotros, como críticos de la cultura, corresponde responder estas preguntas, si nos interesa averiguar cuáles son esas relaciones entre los humanos que en momentos dados permiten la simbiosis que desemboca en nuevas formas de relación y participación social.

Para terminar, hay que subrayar los niveles de expresión de su informante que distingue Dalton, el cual «mezcla lo coloquial-cotidiano, la expresión casi folclórica, las gamas de la fábula popular, con el estilo de lenguaje cargado de palabras-claves y clichés de los marxistas leninistas tradicionales de América Latina, e incluso, con un lenguaje de nuevo tipo, político literario, de indudable calidad formal.» Hay que recordar la novela «Pobrecito poeta que era yo,» del mismo autor, para darse cuenta que su percepción lingüística no es gratuita, y que las formas del habla popular han sido parte de su preocupación estilística y de su seria búsqueda de aquel lenguaje que mejor exprese la realidad contemporánea circundante. Pero en este caso, uno podría, claro está, especular sobre la relación estilo literario, estratos sociales, y trazar la función de cada discurso, en el que, como dice Dalton, «el mismo hombre que me contara su infancia con un estilo de poeta bucólico-costumbrista, fuera capaz de estructurar, con una dureza verbal extrema...un análisis de los errores militares de los comunistas salvadoreños en el año 32» (p. 23).

A pesar de todas las aclaraciones sobre la preservación intacta del lenguaje y la ausencia del «tratamiento técnico» para unificar el texto, es cierto que en éste, como en todo testimonio, puede inferirse la relación entre redactor y hablante. Para los que conozcan el estilo de Dalton, será obvio que, en cuanto estilo, él le metió muy poca mano al texto y ciertamente resistió la tentación de novelarlo. Pero los privilegiados, que tienen acceso a la riquísima e invicta tradición oral, sabrán cuánto recortó. De hecho, el mismo Marmol mostraba su descontento por la censura de su vida amorosa, del relato de su relación con las mujeres que hizo el autor. De inmediato se comprenderá que esta censura corta la posibilidad del estudio de la ideología machista dentro de la militancia de izquiedas. El anedotario sería de tanto interés a las feministas, y a todos aquellos que consideren que la opresión de las mujeres, o el pensamiento acrítico y resentido y defensivo en cuanto a la relación inter-sexual, es rémora en toda ideología que se llame progresista, como el estilo formal es a los estudiosos de la literatura. Entonces, los cruces clasistas, ideológicos y culturales del recopilador, forman parte consustancial de la problematización de la cultura popular, en la que se encuentran los dos niveles de interés, mismos que, aunque coinciden en muchos planos, se pueden separar sustancialmente en otros. De hecho ellos recuerdan los problemas del 'escritor fantasma' planteados por los críticos norteamericanos e ingleses en relación a la producción colectiva de autobiografías durante la época de la esclavitud.

Para terminar debemos advertir que esta narración que empieza en 1905, fecha del nacimiento de Marmol, termina en 1954 con la derrota de Arbenz. En la participación en la Revolución de Octubre Guatemalteca, se cumple un periplo del militante de la patria grande, que es la centroamericana. El testimonio termina ahí para evitar comprometer la vida de los que todavía unen su experiencia individual a la colectiva, donde tema y estilo se juntan y donde el lenguaje coloquial suelto, rico, da paso a las discusiones partidistas, al lenguaje más seco, menos atractivo desde el punto de vista del desarrollo del personaje y del interés personal y del entretenimiento, pero más grandioso en la medida que viene a formar parte del discurso épico de la historia.

Maldito País, de José Román

Conocedor de la importancia de la diseminación de la información de una causa, y valorando la contribución del trabajo intelectual a la misma, Sandino autorizó a José Román la entrevista «para saludar en nuestro nombre y explicar a los nicaragüenses y a todos los hombres del mundo, ya sea por escrito o conferencias verbales, nuestra Gran Cruzada de siete años de lucha armada por la Independencia de Nicaragua contra la intervención de los Estados Unidos de Norte América.» Desafortunadamente, el propósito inmediato no se cumplió, porque, al año siguiente de concedida la entrevista asesinaron al prócer, y el manuscrito quedó inédito hasta 1979, cuando las fuerzas insurgentes lo hicieron de nuevo actual. No vale aquí la pena especular sobre el porqué no se publicó el testimonio durante los cuarenta y cinco años de dictadura somocista, pero sí es menester acotar el dato. Lo que queremos rescatar es otra cosa, esto es, el valor interno del testimonio y la experiencia encarnada en él. Dicho trabajo se llevó a cabo entre el 25 de Febrero y el 29 de Marzo del año 1933, y tuvo por escenarios el terreno mismo donde Sandino peleó: El Embocadero, El Río Coco (Kitris, Wamblan, El campamento Luz y Sombra, Bocay). El testimonio habla de los siguientes tópicos: su nacimiento, familia, clase social; su emigración y experiencia en el extranjero; su campaña nacional, ideología política, tácticas y estrategias de su lucha; su viaje a México; la organización, principios y funcionamiento del ejército; algunos comentarios y especulaciones.

En este testimonio, José Román, periodista-novelista como Dalton, pero perteneciente a una formación literaria anterior, deja plasmada su voluntad de escritor, haciendo resaltar la figura del hombre-héroe, que en su vida y obra daba la talla de un personaje épico digno de cualquier ficción. Quiero decir que la figura de Sandino reviste los contornos de un personaje literario, no por ser irreal y fantaseoso, sino justo por haber Román distinguido, enfatizado y seleccionado aquellos aspectos de la personalidad, que alimentan el sentido de la leyenda o el carácter legendario del héroe nacional. Como él dice «En la intimidad el General Sandino, todo puede parecer, menos un General Tropical y mucho menos el General Sandino» (p. 179). En su caracterización, pues, queda grabada y registrada una idiosincracia cultural de vigencia actual, con ecos y resonancias de una cultura mexicana compartida, visible en expresiones como «chaparrito enlodado,» y «¡qué chingados!» Esta caracterización del general de hombres libres habría que compararla con aquélla que se infiere de los libros sobre el mismo de Gregorio Selser, Ramón Romero, e incluso la recopilación de sus escritos que hizo Sergio Ramírez. En todos ellos parece predominar un aspecto legendario al que sin duda contribuyó la represión de su nombre, figura y tradición durante el somocismo.

Pero si la caracterización es el acierto más grande de Román, y ésto lo veremos más adelante con más detalle, ella viene acuerpada de un estilo narrativo reminiscente de la escuela literaria a la que pertenece el autor. En primer lugar, el estilo coloquial, anecdótico, propio de las lenguas vernáculas, se hace presente en un estilo periodístico que hace el recuento de las luchas intra-oligárquicas, que desembocaran en conflictos internacionales, y que por cierto recuerda a *Cosmapa*, novela que pertenece ya al ciclo de la bananera, ya al realismo social. De manera sucinta y abreviada explica Román qué tan grande, famosa e internacionalmente respetada es la figura de Sandino en el exterior, y enseguida, le deja hablar a él mismo sobre la organización de su ejército, sobre la táctica y la estrategia de la lucha en el interior del país.

Sin embargo, a pesar de que Sandino le concedió al autor una entrevista en el escenario natural mismo de la lucha y que le dio el privilegio de recorrer con él sus campamentos, asistir al acto del desarme y revisar sus archivos y correspondencia privada, Román más bien descuida esta información. Por una parte, el escenario de la lucha y los campamentos, le dan el pretexto de narrar el paisaje muy dentro de sus cánones y códigos narrativos, que a ratos recuerdan no sólo *Cosmapa*, sino *La Vorágine, Doña Bárbara* y la prosa exploratoria de los conquistadores. La descripción del viaje con el General, recuerda los escenarios de la selva, y tiene un sabor de aventura, peligro y emoción: la naturaleza le aguarda con sus enfermedades, su escasa comida, sus alimañas. Los «indios» llegan a recibirlos cargados de flores, frutas, ofrendas, incluyendo polvo de oro. Los tipos humanos no escapan estos lineamientos. Para ello solo hay que recorrer sus descripciones de los zambos. Los archivos, por otra parte, sólo le sirven para verlos y constatar que existen. Utiliza poco la información contenida en ellos, y al dejarlos de lado, e incluir unas pocas cartas por separado al final del texto y unos cuantos documentos al principio, es obvio que privilegia el aspecto de ficción que puede dejar plasmado en su narrativa. Es más, al tomar el testimonio en forma manuscrita (según dice él «escrita minuciosa y detalladamente»), en algunas instancias, y en otras solo anotar el recuerdo de alguna conversación o confidencia, le facilita recurrir a abreviaciones automatizadas por el estilo literario prevalente. De hecho, Román incluye pocos documentos de la época no accesibles al público investigador en general; entre ellos, el «Convenio de Paz,» firmado por las fuerzas de Sandino por un lado, y los partidos liberal y conservador por el otro; «El Acta de Cumplimiento,» que relata en términos cuantitativos la entrega de armas; y un pequeño discurso de Juan B. Sacasa «A los nicaragüenses,» con motivo de la firma del convenio de Paz, más cinco cartas que Sandino le pide que incluya.

Nos atrevemos a sugerir que en esta selección estilística hay una censura implícita que privilegia la información oral sobre la escrita, y que incluso en aquélla discrimina temáticamente, por ejemplo, cuando apunta que el general «le conversó de temas muy variados,» o le habló de otras cosas e incidentes, sin especificar cuáles sean estos. Eso sí, el texto es un diálogo explícito entre informante y recopilador, donde abundan opiniones propias del autor, tanto como opiniones de los capitanes y generales de Sandino, las descripciones de paisajes y lugares junto con los comentarios de la gente, ya apuntados, la información sobre comidas típicas (como la cosa de horno, la guayaba cimarrona, el guabul), canciones, poemas, etc.

La descripción del paisaje de Román nos da la oportunidad de comparar su lenguaje con el de Sandino; las opiniones personales nos permiten saber dónde está ubicado el autor; los comentarios sobre la gente denotan permanencias estructurales hondas, coloniales, como cuando Sandino distingue entre hombres (con los que cuenta para pelear) e indios (para hacer bulla), aunque después los califica de «ánimo rebelde y estoico», y finalmente decida quedarse entre ellos para llevar a cabo su programa social y por ser los más necesitados. Las canciones y poemas recopilados forman el romancero popular de largo aliento y dibujan los contornos de la génesis de una cultura sandinista, por ejemplo la que dice:

> Ruge un tigre en el boscaje
> se asusta la cocinera
> y aprestando la escopeta
> rómpele el lomo a la fiera
> que brama, ruge y se muere
> y sobre el paisaje andino
> retumba mi grito salvaje
> ¡Qué viva el General Sandino! (p. 43)

La caracterización, por otra parte, combina la propia visión del autor con una definición de sí mismo que da el General. Ayuda a ella la transcripción de un estilo que rellena su figura, brindándole coherencia. La primera caracterización lo describe como a «una figura diminuta y sonriente...con su sombrero y botas típicas,» (p. 13), y como a un hombre afectuoso, amable, generoso y sin miedo, confiado en una ética y un pacto entre caballeros y atenido a la palabra de honor: es también popular, conciente de la hermandad entre los hombres, pero firme en la creencia de que aunque somos hermanos, somos también «capaces de gobernarnos por nosotros mismos.»

Su definición personal muestra una voluntad y una conciencia de sí afirmativa. Cualquier tratamiento psicológico lo encontraría hecho un hombre, «de carácter decidido,» que «pudiendo haber sido un vago y criminal,» decidió «ser gente...llegar a ser alguien.» (p. 39). Se sabía también «uno de los alumnos más aprovechados de la escuela» (p. 41), «joven serio y de mucho orgullo personal, además de competente y ya con (su propio) negocio muy suficiente para ganar(se) la vida» (p. 40).

Su estilo narrativo refuerza esta personalidad recia y de confianza en sí. Habla con frases cortas, poca adjetivación y abundantes adverbios y frases adverbiales que indican dónde, cómo, cuándo. No se nota ninguna especulación o vacilación. No abunda en palabras como quizás, puede ser, y hay muy poco rastro del potencial y el condicional. Las interjecciones como ¡Qué cosas!, ¡Qué diablos!, o frases como «me decía,» «me haría,» lo denotan reflexivo. Y al mismo tiempo que se muestra tranquilo, a sus anchas, afectivo y conversacional y hermanable, enfatiza el posesivo en expresiones como «mi guerra,» «mi causa,» «mis hombres,» «mi ejército.» Utiliza apropiadamente el imperativo; déjeme, óigame, escuche, ríase. Es dinámico. Cautiva la atención. Transmite confianza. Provoca la adhesión. Gusta y tranquiliza. Este retrato multi-angular es, diría yo, el aporte más grande que hace el testimonio de Román sobre la figura de Sandino.

Pero su testimonio recoge además aspectos muy importantes del pensamiento político augurero, reflexiones sobre la Guardia Nacional, y un sentido de premonición sobre su propia suerte. Incluye además detalles de la composición de lo que la Mistral llamara «Pequeño ejército loco.» Y lecciones inolvidables sobre la táctica guerrillera—emboscadas, sorpresas, asaltos, retiradas, contra-ataques, dispersiones—, que comparadas con la norteamericana, los hacen invencibles. El Chipote es la «Academia de guerrilla de Nicaragua.» No deja, por supuesto, de mencionar su programa de cooperativas campesinas, ni de subrayar la importancia de su misión con las tribus indígenas en las cuales, ya dijimos, pensaba poner en práctica su proyecto de reconstrucción social, creando escuelas, trayendo médicos, modificando formas de vida que no eran convenientes al grupo.

Al dejarnos José Román una figura de carne y hueso, no solo el prócer nacional sino un nicaragüense reconocible, identificable, digno de imitar, modelo asequible y cercano a la naturaleza nacional, hace posible una identificación positiva que trasciende el plano individual recopilado por el testimonio y se proyecta a lo colectivo. Honrado, admirado y querido por todos, este hombre hizo posible un sentido de dignidad ahora expandido; y convirtió a ese ¡God damned country! de los norteamericanos, a ese Maldito País, en un ejemplo perdurable de dignidad internacional; y a eso que Carleton Beals llamaba «The greatest funny War of the World,» en el principio del fin de la opresión nicaragüense y centroamericana que ahora presenciamos.

NOTA

1. Edelberlo Torres Rivas, *Crisis del poder en Centro América,* San José, EDUCA, 1981, p. 72.

La evolución del pensamiento en tres poetas del Caribe: Manuel Navarro Luna, Clemente Soto Vélez y Pedro Mir.

RAFAEL CATALA

Los tres poetas que vamos a estudiar nacieron en un período histórico afín: Clemente Soto Vélez, puertorriqueño, nació en 1905; Pedro Mir, dominicano, nació en 1913, y Manuel Navarro Luna, cubano, en 1894 y murió en 1966. Todos estos escritores han participado en un período histórico paralelo diacronica y sincrónicamente. Diacrónicamente porque uno de los proyectos principales de su obra ha sido la resultante de una serie de hechos históricos que fueron ocurriendo a través de un período de tiempo que abarca la primera mitad de este siglo y comienzos de la segunda. Sincrónicamente porque esos hechos y esos poetas ocurren paralelamente en ese período de tiempo, movidos por un eje político-histórico común a los tres: el colonialismo.

El transcurrir histórico de Cuba, Puerto Rico y la República Dominicana está dominado por una serie de rasgos similares que determinan su evolución histórica. Las tres islas comparten la misma cultura hispánica y las tres fueron colonias europeas, aún cuando Santo Domingo obtiene su libertad política de España a mediados del

---

Nació en Victoria de las Tunas, Provincia de Las Tunas, Cuba. Sus libros más recientes son *Círculo cuadrado; Ojo Sencillo/Triqui-traque,* prólogo de Juan Goytisolo; *Copulantes,* y es coautor de *Cinco aproximaciones a la narrativa hispanoamericana*. Ha enseñado literatura hispanoamericana en New York University y en Lafayette College. Actualmente reseña para varias publicaciones y se encuentra trabajando en un poemario, *Escobas de millo,* y en dos libros críticos, uno sobre escritores del Caribe y otro sobre la lectura americana del barroco de América.

siglo pasado su dependencia cultural aún subsiste. Esto es, las tres islas son de hecho colonias en la primera mitad del siglo XX, ya sea esta dependencia cultural y/o económica. A fines del siglo pasado Estados Unidos ocupa el lugar de España en lo que respecta a la hegemonía económica y política, pero la hegemonía cultural europea se mantiene debido a la comunidad cultural y lingüística. Esta última se mantiene en gran parte debido al bajo nivel educacional de sus poblaciones, y en la clase intelectual a que era una forma de resistencia cultural a la cultura estadounidense que amenazaba con tratar de abarcar no sólo politicamente a estas sociedades, sino cultural y lingüísticamente, como en el caso de Puerto Rico. Todavía en lo que va de la segunda etapa de este siglo las tres islas se encuentran bajo una u otra forma de influencia estadounidense. Puerto Rico se encuentra bajo el dominío político directo, la República Dominicana bajo el dominio político indirecto, y Cuba se encuentra resistiendo ese dominio político. Las tres son recipientes de la influencia del dominio hegemónico de la gran potencia y por ende participan como entes de una comunidad histórica afín.

Debido a la intensidad de las relaciones entre el colonizador y el colonizado, sus intelectuales, en este caso muchos de sus poetas han reaccionado en una forma conmesurable a las esferas de influencia de la hegemonía colonialista. Esta manera de reaccionar ha contribuído a una manera de expresión específica en estos poetas. Esto es, el contexto ha determinado la dirección temática del texto.

Hemos escogido a estos tres poetas debido a que consideramos los aspectos siguientes: a) que su obra es buena dentro de un marco de supuestos literarios como los que nos brinda Lotman de que buenos poemas son aquellos en que la carga de información poética es simultáneamente esperada e inesperada[1]; b) su obra poética ha llenado una necesidad en el transcurrir histórico de sus naciones de origen y de las Antillas en general; y c) la vida de estos poetas está marcada por la militancia política y social con miras hacia la realización de un ideal que ellos estiman será beneficioso para su sociedad y para todo el mundo en general. Dentro de este marco contextual paradigmático observaremos la evolución del pensamiento en estos tres poetas.

Esta simultaneidad esperada e inesperada de que hablamos anteriormente es la que lleva a decir al crítico Juan Marinello, en 1929, con motivo del nuevo libro de Navarro Luna, *Pulso y onda*, que «el poeta nos da lo que esperábamos. Nos contesta con nuestra misma pregunta.» ... «Pero este hallazgo en el poema, este encontrarnos en su cálido desbordamiento, en su fiera pelea claustral, ¿no fluye de una ineditez temática, de la elección de asuntos que conturban y esperanzan a los espíritus de ahora?»[2]. Para su momento histórico, este libro parece haber llenado una expectación poética e ideológica inesperada.

La poesía social de Navarro Luna alcanza su madurez con *Pulso y onda* en 1929. Esta poesía muestra, no denuncia, las capas oprimidas de la sociedad. Del campesino apunta: «Las azadas muerden la carne de la tierra,/ y, poco a poco,/ la despedazan./ ¡En todos los caminos,/ en los caminos blancos y en los caminos grises/ montones de carne se levantan! El silencio contrae los músculos curtidos de su rostro;/ pero no deja de clavar la azada./ ... /¡Trae todas las palabras que encuentres perdidas;/ todos los gritos que encuentres desamparados,/ y échalos,/ si quieres,/ en las bocas hambrientas de los charcos!/ ¡Es una carne inútil/ que se pudre en el campo!/¡Pero no traigas el silencio campesino porque está trabajando!»[3] Del poema «Canción de la noche abrasada» Joaquín Santana dice que «revela de golpe una constante de toda su obra: la imagen de desolación y desamparo, de necesidad, de ternura y de abrigo, que la visión de un niño abandonado hace estallar ante los ojos del poeta»[4]. Tal como la pintura de Siqueiros, *Eco de un grito* (1937). Luego surge el libro *Cartas de la Ciénaga* (1930) que Santana califica de libro mambí[5]»—no sólo por el colorido rural que recorre sus páginas— sino por la semioculta (y a veces desnuda) referencia a la desviación histórica que significó el surgimiento de una República mediatizada —en 1902—, a raíz de la intervención norteamericana en la Guerra Hispanocubana. Es por ello, también, un libro antiimperialista»[6].

Toda la evolución poética de Navarro Luna se mantiene en su poesía social. Su militancia política hace que lo encarcelen varias veces. El primero ocurre en 1915 a los 21 años de edad cuando en un mitin Navarro Luna recita su poema «Socialismo», dos años antes de la Revolución Rusa. Toda la trayectoria de este poeta viene marcada por este fervor social que se vió realizado con el triunfo de la Revolución cubana en 1959. En la poesía de Navarro Luna los vectores ideológicos de su pensamiento cumplen su cometido y ahora, la poesía que surgió de la disidencia entronca, a manera de río tributario, con las aguas del proceso revolucionario que ayudó a crear.

En una carta al poeta Andrés Castro Ríos en 1968 Clemente Soto Vélez le dice: «poeta kamarada: no es tarea de los dioses ponerse a escribir árboles, sino a sembrarlos y velar su cultivo» .... «los medios de producción modulados por la conciencia obrera es la patria eficaz de los dioses, la residencia de los dioses no está sobre la tierra; su morada eterna está en su proceso dijestivo (sic); está en ellos mismos» ... «invención de los hombres es el dios único, su inexistencia la metrifica él para imponerse un dictador divino»[7]. Esta breve cita expresa claramente la práctica literaria de Soto Vélez. Este poeta en su primer libro, *Escalio*, que fue publicado por sus amigos cuando éste se encontraba en la cárcel por sus luchas independentistas, dijo: «El discípulo consciente de su discipulado es, además de discípulo, maestro. En el mar sin fondo y sin orilla de la afirmación, cada uno tiene que ser el piloto de su propio bajel»[8]. Desde sus comienzos la práctica literaria de Soto Vélez viene estrechamente conectada a su vida. Antes de hablar de árboles los sembró con el ejemplo.

En Soto Vélez existen fundidos una serie de vectores poéticos trenzados en una unión inseparable. Hay una vena religiosa expresada en un materialismo místico donde el proyecto poeta-pueblo es una unidad indisoluble. Así la «conciencia obrera» es patria de dioses y «su morada eterna está en su proceso dijestivo», y luego rechaza el concepto «dios» como personalidad controladora de la conducta. Esto asevera muchos años después de haber dicho que el discípulo lleva en sí al maestro y que uno mismo tiene que asumir responsabilidad por su vida y conducta. Esta evolución del pensamiento en la obra del poeta nos lleva a afirmar que su obra lleva una inscripción de autorealización a nivel individual, nacional y mundial. *Escalio* nace en la juventud del autor, es prosa poética de corte filosófico. Su proyección es general, son principios de vida que muestran su preocupación hacía la autorealización del ser humano. El humano autorealizado es por naturaleza revolucionario porque «la revolución es el cauce secreto por donde corre el orden natural»[9]. Lo que diferencia a Soto Vélez de muchos otros poetas es que en él la práctica antecedió a la teoría. De su ejemplo emanan sus principios, que son luego plasmados en su práctica poética. De aquí que su obra poética no sea extensa, y que sufra un largo proceso de elaboración y tranformación del lenguaje, surgiendo así una poesía concreta y concisa. Uno de sus libros, *Caballo de palo* (1959) comienza con él mismo: «Clemente Soto Vélez/ nació/ un mes de enero/ en Puerto Rico/ como si hubiese visto/ en Madrid/ el aire primero de la vida/ .... / en Libia o en Liberia/ ... / en Túnez o en Londres/ ... / en Paragüay o en Chile/ ... / como si hubiese sido/ concebido en Peiping»[10]. El poeta se manifiesta omnipresente en la afirmación de su humanidad, en la afirmación de ella pudo haber nacido en cualquier parte del mundo igualmente. Al hacer esto universaliza a Puerto Rico y a su vez individualiza al mundo en su ser puertorriqueño. Hay una doble relación comunicante y cinética: se universaliza lo particular y se particulariza lo universal en un movimiento conceptual y existencial de autorealización y autoafirmación. Dentro de esta constelación de relaciones que es una toma de conciencia de su ser universal, en su humanidad concreta y conceptual, se objetiva el ser individual dentro de esta totalidad universal. Clemente Soto Vélez, como ente del poema, es entonces una individualización de ese ser universal y aparece inscrito en el poema desde esta perspectiva objetiva: «Lo conocí/ cuidando/ caballos de palo y vacas de piedra/ ... / Lo conocí/ conversando/ entre sueños con el sufrimiento universal/ de los obreros/ ... / Lo conocí/ soñando/ como hombre/ ... / Lo conocí/ echándose a correr/ de manera continua en su reposo»[11]. O sea, un sinfín de maneras de conocerse a sí mismo —de haberse conocido— en el ser particular que es ya, a su vez, universal. El resto del libro es este haberse conocido, haberse descubierto, que es el ser particular y colectivo. «Clemente/ déjame llamarte/ por tu nombre, aunque no sé/ quién eres/ ni intento/ descubrirlo»[12]. En realidad si el hombre o la mujer, particular o colectivo, es un ser de posibilidades infinitas es imposible conocerlo como se conoce un objeto o un concepto, ahora es posible tener y vivir la experiencia de sí mismo. *Caballo de palo* es esta experiencia de sí mismo, que toca destellos del conocimiento conceptual pero que se da cuenta de que es imposible conocerse totalmente: «aunque no sé/ quién eres/ ni intento/ descubrirlo». En este sentido lo poesía de Soto Vélez es una materialidad mística, o como dijo el místico estadounidense Joel Goldsmith «God cannot be known with the mind. God can only be experienced.» Esto es manifiesta en la práctica poética de Soto Vélez, donde Dios es la conciencia del humano y no un ser exiliado en los cielos. La epístola de San Lucas, capítulo 17, versículos 20-21 del *Nuevo Testamento* nos dice que el reino de Dios esta dentro de nosotros; San Pablo, por su parte, en I Corintios 3: 16 apunta que somos el templo de Dios, esto es, nosotros, nuestra conciencia, nuestro ser. ¿No es este Dios dentro de nosotros, este reino dentro de sí, el que encontramos en la poesía de Soto Vélez en el aquí y el ahora, en lo concreto y sagrado del ser humano?

La mística de la poesía de Soto Vélez no acepta el concepto de Dios común y corriente, ese ser que juzga y castiga, que premia o ignora la conducta humana no tiene lugar en la poesía de este poeta. Su poesía entronca con la mística universal, esto es, de la misma forma que entronca con la humanidad mística del *Nuevo Testamento*, entronca con la mística del budismo zen. Por ejemplo, a la manera en que Suzuki lo describe cuando pregunta que si el zen es una religión, y contesta que no porque en zen no hay un dios para ser alabado, como no hay ritos ni ceremonias que observar; zen no tiene morada futura a donde van los difuntos o un alma cuya inmortalidad tenga que ser protegida por un ser supremo. Zen está libre de ataduras dogmáticas y religiosas. Continua Suzuki diciéndonos que zen ni afirma ni niega la existencia de Dios. El principio básico del zen, afirma este maestro japonés, es alcanzar el 'satori', o lo que llamaríamos en nuestra sociedad iluminación espiritual. Satori es un cambio de punto de vista que ocurre a través de un profunda experiencia interna. De acuerdo con Suzuki no se ve otro mundo después de la experiencia satórica, sino que se ve el mismo mundo desde una perspectiva diferente[13]. Joel Goldsmith dice lo mismo de otra forma, que ver el mundo su perspectiva tridemensional es limitante, y evolucionar en conciencia nos lleva a verlo desde su perspectiva «cuatridimensional»; éste es el cielo de Moisés y del *Nuevo Testamento*, la altura a que puede llegar la conciencia del ser humano, tenga o no religión.

La poesía de Soto Vélez emana de una mística que no excluye la sociedad ni la idealiza, esta mística tiene su expresión a partir de ella, en el hombre y la mujer, en la historia que se elabora día a día, de aquí que su socialismo destile esta religiosidad y esta religiosidad destile su socialismo. No hay dicotomía entre religión y política, literatura y revolución. Es todo un proceso de autorealización conciente, es un todo en movimiento desdoblándose.

Entre las muchas posibles lecturas del último libro de Soto Vélez, *La tierra prometida* (1979) la individualización de lo universal y viceversa es una de ellas. «La tierra prometida/ se/ universa/ de/ lares/ donde la cosmovisión/ verifica/ los ovarios de la madera amotinada»[14]. Lares es el pueblo del Grito de Lares, el llamamiento a la independencia puertorriqueña en 1868.

No hay anulación de polos opuestos en la obra de Soto Vélez, se convive en la tensión y, de ella, surge su obra. Es la relación entre estos polos opuestos la que crea un espacio vivo, creador, ético y revolucionario. La tierra prometida es este estado de conciencia al que se entra uruboricamente, y una vez encarnado destella desde su propio centro.

Parte de la obra de Pedro Mir surge alimentada por intervenciones militares estadounidenses. La perspectiva histórica es un factor importante en la obra de este poeta dominicano. Perspectiva que está profundamente ligada a la historia estadounidense. Su autor lo hace patente en sus obras, como *Amén de mariposas* donde hay un poema titulado «A la embajadora norteamericana en México, el año de 1914», en la invasión estandounidense de 1965 Mir titula uno de sus poemas «ni un paso atrás», en 1962 dedica un poema «al portaviones 'intrépido'» cuando desembarcó con 1,500 soldados en viaje de descanso y esparcimiento en Santo Domingo.

Como Soto Vélez, Mir en su poema «Autorretrato» funde lo finito con lo infinito, lo impersonal con lo personal, el poeta, el Caribe, y el mundo en una unidad colectiva, el poema «concluye creyendo o haciéndonos creer que continua» ... «forma y contenido se funden y siguen su camino con el lector, que al mismo tiempo que es espectador es copartícipe y protagonista dentro y fuera del poema»[15].

El poema «Contracanto a Walt Whitman» surge como una respuesta histórico-literaria a la obra del poeta estadounidense. Cuando el poema de Whitman «Canto a mí mismo» centra al poeta en su unidad con todo lo creado y lo hace representativo de los ideales de libertad e individualismo por el que trabajaron y lucharon los patriotas estadounidenses, el poema de Mir, «Contracanto a Walt Whitman» lleva el subtítulo «(canto a nosotros mismos)», esto es, que este poema está conciente de su «yo» colectivo, un «yo» que es «nosotros». «Contracanto» muestra como el «yo» sencillo de Walt Whitman que lo hace signífero de los ideales de su país se va convirtiendo en un «yo» egoísta por la ambición de los capitalistas: «Preguntadlo a la noche y al vino y a la aurora .. / Por detrás de las colinas de Vermont, los llanos de las Costas / por el ancho Far-West y las Montañas Rocallosas» ... «No encontraréis el limpio acento de la palabra yo»[16]. «Y todo aquel inmenso territorio / empezó a circular por las cajas de los Bancos, los libros / de las Corporaciones, las oficinas de los rascacielos, / las máquinas de calcular ... / y ya: se le vio una mañana adquirir la gran puerta de la oportunidad / y ya más nadie tuvo accceso a la palabra mío / y ya más nadie ha comprendido la palabra yo.»[17]

A esto contrapone Mir en el mismo poema «Y ahora / ya no es la palabra / yo / la palabra cumplida / la palabra de toque para empezar el mundo / Y ahora / ahora es la palabra / nosotros»[18]. Hay aquí una evolución del yo infantil y egoísta, el yo solipcista de la inmadurez al yo colectivo de la madurez. Aun cuando el poeta se describe en este poema lo hace desde una perspectiva de síntesis colectiva: «Yo / un hijo del Caribe, / precisamente antillano / Producto primitivo de una ingenua / criatura borinqueña / y un obrero cubano, / nacido justamente, y pobremente / en suelo quisqueyano»[19]. Cubano más puertorriqueño nacido en suelo dominicano forman un antillano al cubo, esto es, a la tercera potencia, una por ser antillano dominicano, otra por llevar la sangre de las tres Antillas mayores, es la síntesis colectiva de un sinnúmero de culturas y razas: la colectividad en la unidad. Lo universal en lo individual y viceversa.

En estos tres poetas encontramos una serie de claves de suma importancia para la poesía antillana y americana en general. Primero, hay una actitud conciente y existencial de su responsabilidad con la raza humana. Este universalismo conciente es concreto e individual, comprometido y revolucionario. También hay una conciencia de sincretismo cultural, el poeta se siente mezcla de razas, de culturas, y las utiliza. Hay conciencia de que se estaba creando un hombre nuevo y el poeta es vocero de ese hombre nuevo, que ya está creado, que es él y su sociedad. Es un ser colectivo.

En estos tres poetas su práctica literaria y su práctica política surge de la función del ser en la poesía. Todos los poetas, Soto Vélez, Mir, Navarro Luna, surgen a partir de esta fusión que los obliga, por razones ontológicas, a ser y estar concientes de la universalidad de su ser concretamente. No podemos dar un paso sin percatarnos de la mezcla de razas, del sincretismo cultural, religioso, político. De aquí surge la conciencia de un hombre nuevo. La necesidad de proyectar este universalidad crea un hombre revolucionario manifiesto en la poesía de estos tres poetas. La conciencia social y socialista que está manifiesta en la obra de estos poetas surge no sólo de la ideología socialista marxista o del comunismo incaico y cristiano. Surge de este sincretismo, de esta comunidad de creencias, de culturas, de razas. Este hombre y esta mujer síntesis es ya otro hombre y otra mujer, el antillano, el americano, que por la fuerza de su ser y de su circunstancia tiene que decir nosotros, o yo-nosotros, explicita e implicitamente el yo del Caribe y el yo de América, como lo vemos en estos poetas es un yo colectivo. ¡Concientemente colectivo!

Así, poetas que surgen y escriben desde una perspectiva y preocupación social, como lo expresan sus vidas (Navarro Luna y Soto Vélez estuvieron presos por sus actividades políticas, Pedro Mir vive desde 1947 hasta 1963 en el exilio en Europa, Estados Unidos y en Cuba) escriben como materializaciones escritas del proceso social en que están inscritos. Escriben como proceso en transformación. Es muy probable que la experiencia de fusión de culturas de América, y del Caribe en particular, obligue al poeta a funcionar desde una perspectiva universal y desde ahí expresa, concientemente, su particularidad.

Es importante, para finalizar, tocar un aspecto que por lo regular tiende a juzgarse como algo homogéneo: el socialismo. Debido a esta fusión de culturas, a este barroquismo americano, la expresión de socialismo como función ideológica será diferente en cada escritor. En América ésta va desde el comunismo incaico hasta el comunismo cristiano y el marxista. Esta pluralidad ha dado hoy día la teología de la liberación que crea ya un fenómeno moderno americano. Así, la preocupación obrera y campesina de Navarro Luna toma un matiz crudo y compasivo, en Soto Vélez se concretiza en un proceso de materialismo místico y en Mir en una visión histórico-literaria de la madurez del yo. En todos el *yo* es *nosotros*, pero en Mir se explicita como eje del texto artístico.

NOTAS

1. Yuir Lotman, *Analysis of the Poetic Text,* Ann Arbor, Ardis, 1976, p. 127-131.
2. Juan Marinello, *Ensayos* Editorial de Arte y Literatura, 1977, 63-4. También en Manuel Navarro Luna, *Prosa y poesía,* La Habana, Editorial Letras Cubanas, 1980, p. 38.
3. Navarro Luna, p. 63-4.
4. Joaquín G. Santana, *Furia y fuego en Manuel Navarro Luna*, La Habana, Unión de Escritores y Artistas de Cuba, 1957, p. 65.
5. Mambí: dícese de los insurrectos de Cuba que se rebelaron contra la dominación española. *Diccionario Pequeño Larousse Ilustrado,* México, 1978, p. 651.
6. Santana, p. 60.
7. Clemente Soto Vélez, «Karta a un kamarada». *En rojo*, suplemento literario de *Claridad*, 13 al 19 de febrero de 1981, Puerto Rico, p. 12.
8. Clemente Soto Vélez, *Escalio*, San Juan, Imprenta Puerto Rico, 1937, p. 55.
9. Ibid. p. 77.
10. Clemente Soto Vélez, *Caballo de palo*, New York, Las Américas Publishing Company, 1959, pp. 5-6.
11. Ibid. pp. 10-9.
12. Ibid. p. 57.
13. Daisetz Teitaro Suzuki, *An Introduction to Zen Buddhism,* New York, Grove Press, Inc., 1977, p. 39.
14. Clemente Soto Vélez, *La tierra prometida*, San Juan, Instituto de Cultura Puertorriqueña, 1979, p. 110.
15. Rafael Catalá, «Una lectura de 'Autorretrato' de Pedro Mir» *Caribe*, otoño de 1976 (University of Hawaii), p. 108.
16. Pedro Mir, *Viaje a la muchedumbre*, México, Siglo XXI Editores, 1972, p. 54.

17. Ibid. pp. 52-3.
18. Ibid. p. 62.
19. Ibid. p. 39.

Ecuación del Caribe: *Copulantes* de Rafael Catalá

JAMES ROMANO

En el último libro de poesía del cubano Rafael Catalá, *Copulantes*[1], se interrelacionan varios temas diversos para formar nuevos contextos y perspectivas, y vivificar de nuevo contextos y perspectivas ya establecidos. Estos temas proceden de campos tan diversos como la literatura, la matemática, la crítica literaria, la historia, la física, la mitología, las ciencias políticas, etc., y las intra e interrelaciones entre ellos producen síntesis y choque, unión mística y Big Bang, convergencias de vectores biológicos y poéticos. Sin duda alguna, *Copulantes* comprende los polos radicales que han ido evolucionándose hasta formar un nuevo contexto del Caribe y Latinoamérica, y una nueva perspectiva de lo que es el meollo temático de Copulantes, el mestizaje.

El mestizo de que habla Catalá es el mestizo de Martí, el ser americano que reconoce sus raíces europeas, tanto culturales como biológicas, pero que, al mezclarlas con sus otras raíces africanas, taínas, incas, y mayas, ya es otro ser— el ser mestizo. Pueden destacarse tres aspectos del mestizaje de *Copulantes*: primero, el barroquismo del fenómeno mestizo; luego, la nueva conciencia que surge de este barroquismo; y por fin, la heterogeneidad del mestizaje. Estos tres aspectos operan en *Copulantes* en dos niveles, a nivel teórico-literario, que corresponde al relato, el significado del poema, y

---

Collingswood, New Jersey, 1958. Ha publicado varios artículos sobre literatura. Cursa el doctorado en letras en Columbia University.

otro de la praxis literaria misma, es decir, el nivel del texto mismo, del significante.

En *Tientos y diferencias* Alejo Carpentier apunta que «todo mestizaje, por proceso de simbiosis, de adición, de mezcla, engendra un barroquismo.»[2] Carpentier añade:

> Nuestro arte siempre fue barroco: desde la espléndida escultura precolombina y el de los códices, hasta la mejor novelística actual de América, pasándose por las catedrales y monasterios coloniales de nuestro continente. ... no temamos, pues, el barroquismo en el estilo, en la visión de los contextos.... El legítimo estilo del novelista latinoamericano actual es el barroco.[3]

En *Copulantes*, vemos el tema del barroco mestizo realizado en poemas como «querer elaborar un poema grotesco»:

> querer elaborar un poema grotesco
> algo así como:
> Margaritas defecan frente a espejos convexos
> o sacerdotes perdonan a sus hijos duna puñalada
>
> o estar reunidos cantando lullabies
> Un texto obeso frente a un texto plano
> o ¿puede ser la cultura plana
> cuando cada momento es la fusión
> de uno y mil vectores de cultura?
>
> Un texto lírico entre Lacan y Shklovsky
> de Heredia a Góngora lectura y relectura
> La razón onomatopéyica del texto cartesiano
> de la razón de Newton —sin ver su alquimia
> de la razón vital de Ortega
> y la elán vital de Bergson
> Un texto occidental en otro paraíso

La yuxtaposición y mezcla de los diferentes términos matemáticos, literarios, y filosóficos producen un choque que es, en las palabras de Catalá, «el choque de todos estos vectores en la ecuación del texto.»

Este choque no es uno de destrucción, sino de construcción. Es la fusión de «uno y mil vectores de cultura», y esta fusión se realiza a la misma vez lingüísticamente en el texto poético y culturalmente en el fenómeno mestizo. Realmente, son dos aspectos del mismo proceso de convergencia y el subsecuente darse cuenta de este proceso. Aquí, todo se reduce a un proceso común, y términos de la física, como «vector» y «fusión» se emplean para expresar fenómenos culturales, como «fusión de vectores de cultura». Este fondo común entre ciencia y arte, entre la física y la cultura, no toma lugar en el mundo insustancial de la teoría. Al contrario, los campos diversos se unen en la página escrita, se materializan en la expresión cultural del complejo contexto poético, se realizan en la escritura misma. En cuanto al mestizaje, los vectores, o las tradiciones de varias culturas se unen en la presencia misma del ser mestizo, biológicamente en su cuerpo físico, culturalmente en su producción artística. Esta presencia no es estagnante, sino evolutiva, y a la misma vez que está evolucionando el mestizo como individuo (por matrimonio, por influencia extranjera y por influencia de otras culturas mestizas con distintas químicas combinatorias), está evolucionándose la propia autoconciencia del mestizo. Todo esto lo vemos en otro poema, «piedra filosofal»:

> Isabel Macondo darse sin la cuenta
> hácese figura partiendo dun supuesto
> en negación la suya
> forma el picoteo y va tomando forma
> su supuesto que no es ya,
> Agricultor soñado delante delespejo
> volviéndose la prima materia
> del arcano plano oculto alser expuesto
> Sábese liso y noloes en la medida
> ques destello dun cantazo
> de convergentes líneas enun punto plano

Isabel Macondo es el ser mestizo llegando a la madurez cultural, y la subsecuente toma de conciencia de esto. Delante del espejo, ella se volvió la materia prima, o las raíces, de su ser. Estas raíces son los vectores culturales que componen el ser mestizo, y ya que estos vectores son los componentes biológicos y culturales de Isabel Macondo, el único quehacer para ella es llegar a la conciencia de esto, la autoconciencia de su propio mestizaje.

Al nivel del significante, este poema representa un paso más allá de la autoconciencia. Una vez reconocidas las raíces culturales, ellas se materializan en los textos de la misma cultura. Es decir, primero viene la toma de conciencia de la cultura mestiza, y luego se produce el «cantazo». El «destello dun cantazo/ de convergentes líneas enun punto plano» es la producción conciente de la escritura misma, que no representa sino que *es* el punto donde todos los vectores dados de una cultura convergen.

La toma de conciencia del mestizo, es decir, la búsqueda y descubrir de las raíces americanas que por tanto tiempo han sido ignoradas, se encuentran en el poema «Meditación tolteca»:

> Con cuero amarillo para las gargantas de los pies
> voy paso a paso elogiando los rayos del sol
> con gran amor de nahua. Con la suave paciencia profunda
> de serpiente enplumada voy adentrándome al reino
> adentro,
> paso a paso en los años se abren luces y hacen ellas
> lo que tengo que hacer.
> Atestiguo de la claridad en mi unidad, y sé que no hay tal
> rostro de latidos sino ojos de luz

La gradación del poema va desde la superficie («gargantas de los pies»), y se adentra hasta llegar a la «claridad en mi unidad», es decir, hasta la plena toma de conciencia individual. Concurréntemente, el poema abarca desde la cultura nahuatl («con cuero amarillo... elogiando los rayos del sol») hacia el pasado, con «serpiente enplumada» (el dios azteca, Quetzalcoatl) hasta llegar a la cultura clásica tolteca. Los toltecas, que fueron la civilización clásica que antecedió a los aztecas, no practicaron sacrificios humanos como harían después los aztecas, y así en la cultura tolteca no había «tal rostro de latidos sino ojos de luz». Esto es la toma de conciencia cultural, cuando el mestizo busca y descubre sus raíces americanas, que tienen su base en la cultura clásica tolteca.

El tema de la toma de conciencia se encuentra en *Copulantes* en el nivel lingüístico también. La unión de las lenguas indígenas y europeas en América en un solo texto expresa a la misma vez la unión en el fondo del hombre americano, las raíces lingüísticas que lo forman, y universalmente, la unidad en el fondo de todas las lenguas del mundo:

> como lloviendo es volando
> con los pasos serenos, con la pasión del todo
> Con la conciencia del océano no hay mancha impura
> y se es pez y agua, alga y espuma

Se devora el inglés y no mancha
que lengua soy con conciencia de océano
Las verdes algas baten cariñosamente
en quechua yaku es agua y wayra viento
y agua es água y viento es vento
Nahua es atl y ehecatl

Volando es como lloviendo
con pasos y pasión todo sereno
en bravo oleaje nace el aplomo
deslizar sereno hacia la gran corriente
con los ojos abiertos se va naciendo

«Con los ojos abiertos», el título de este poema, alude tanto a los ojos del lector leyendo «con los ojos abiertos», es decir, leyendo conciente del fondo común de las lenguas, como al mestizo que tiene los ojos abiertos frente a su propio ser, a sus propias raíces culturales y lingüísticas: raíces españolas, inglesas, portuguesas, quechuas, nahuas.

La conciencia mestiza que resulta del barroco americano no concluye en *Copulantes* con el mestizaje; este tema se universaliza para abarcar la conciencia del hombre universal. Así, tenemos poemas como «estrella y sol»:

Es un acto muy serio levantarse a las cinco
a ser testigo del prestigio de la estrella de la mañana

Es un hecho muy serio ser testigo
cuando el sol se levanta
y despierta los pájaros del día
y duerme luciérnagas y buhos

Es un hecho muy serio ser estrella y sol
y estar conciente y levantarse

El tercer aspecto del mestizaje en *Copulantes* es su heterogeneidad. En el prólogo, Catalá dice que:

Nuestra Grecia es inca y maya, taína y africana, y después de esto,...también es griega.... Nuestro mestizaje ha tomado el único color posible: el de nuestra humanidad....

Y es huichol, guaraní, y es nahua.

Estas diversas fuentes del mestizaje se unen, tanto en el nivel del significado como el del texto mismo, en el poema «Recuento». «Recuento» consiste en una serie de fragmentos de textos ya escritos por autores y fuentes tomados de la historia literaria, desde Góngora y los indios huicholes hasta William Burroughs y Lezama Lima, desde los textos nahuas hasta Macedonio Fernández y García Márquez. Está dividido por números mayas mezclados, o «mestizados», con números arábigos, y es un «recuento» de la palabra escrita. Empieza con la palabra, o el texto, hablando en primera persona:

> ¡Qué cosas tiene la vida!
>   párroco es raíz de parrot
> Todo lo que he pasado!
>   Aceituna troglodita contando guerras,
> pájaros volando, carnaval de monos, el rey
>   unificado, la tortuga tuerta...

El texto está celebrándose, recontando su historia a través de textos ya existentes. Aquí la voz del poeta cede el paso a la del «Texto», el texto universal que se compone de todos los textos individuales a través de la historia humana. Este Texto no se limita a ningún tiempo, cosa expresada al principio («Todo lo que he pasado!»). Tampoco se limita al alfabeto romano, ya que la escritura maya se emplea allí, y el Texto es geográficamente omnipresente, siendo expresado por todo el planeta:

> ...zapateando por los Andes me dí cuenta que era la cara escondida del Perú, soy la concreta, de Oriente hasta la Habana...
>
> ...amanecí en Peking...
>
> ● ● eónes esclava, dormida en la tundra.[4]

El uso de textos ya existentes para la estructuralización de un nuevo contexto produce una re-visión de cada texto empleado. En «Recuento» los fragmentos aparecen intactos, y forman un nuevo contexto en su conjunto de interrelaciones. Pero en otro poema, «Actodeconciencia», aparece un fragmento de «Primero sueño» de Sor Juana Inés de la Cruz, alterado, o «rescrito», para producir una nueva lectura. «Primero sueño» empieza así:

> Piramidal, funesta, de la tierra
> nacida sombra, al Cielo encaminaba
> de vanos obeliscos punta altiva,
> escalar pretendiendo las Estrellas;
> ...
> la tenebrosa guerra...

Pero en «Actodeconciencia», este fragmento adquiere un giro lingüístico:

> Bidimensional, consciente, desta página
> nacido cuerpo sin sombra, de hoja en hoja
> el libro encaminaba
> de vanos obeliscos punta altiva
> escalar pretendiendo desde un libro las Estrellas
> ...
> la tenebrosa guerra semiológica...

De esta manera el «sueño» de Sor Juana está «re-soñando», o «re-visto» por Catalá, y ya es otro sueño que inscribe y traspasa al primero sueño.

Volviendo a «Recuento», vemos que la palabra escrita de «Recuento» es autocrítica:

> Sólo aquello que me trajo alegrías vale la pena
> ...
> No me acordaré de aquellos momentos en que ahogada invernaba. Siempre he hablado y hablaré de momentos lúcidos. Aunque es difícil olvidar las cicatrices. Encerrada en el agua saltaba párrafos chupando aire y me hundía, que lucha, el desespero del ahogo y otro brinco de gloria y otro respiro es mi historia.

Aquí se ve que la palabra está conciente de su propia historia. «Aquellos momentos en que ahogada / invernaba» son esos momentos en la historia cuando la palabra ha sufrido censura por una autoridad, o cuando la palabra era usada, o abusada, por razones propagandísticas. Entonces, aquí la palabra se ve a sí misma como una herramienta que se puede emplear por motivos buenos o malos, y en su autocrítica, se concentrará sólo en aquello que le trae «alegrías».

En el nivel del mestizaje, se puede interpretar este trozo como el hombre mestizo bregando y concertando un acuerdo con su propia historia cultural, con momentos lúcidos, y también con cicatrices; «encerrada» en el Caribe, a veces ahogándose, pero siempre saltando para coger «otro respiro».

Así, en «Recuento» cuaja el mestizaje de *Copulantes*—el barroquismo, la nueva conciencia, y la heterogeneidad de ella— es decir, allí se materializan en la praxis. Al fin del poema, la teoría, la praxis, la estructura todos se unen en un acto trascendente:

> Qué fresco el aire aquí
> oigo sonidos, algo me coge
> en esta página
>
> síííííííí ahí no má
> la conga me ñama
>
> ● ●● ●●●
>
> que paso má chévere, que paso más chévere
> el de mi conga é
>
> ● ●● ●●●

Para Catalá, cuando uno se da cuenta de la verdadera relación copulativa entre poeta y palabra, palabra y palabra, y poeta y lector, se dará cuenta a la vez de que «poeta», «lector», y «palabra» no son entidades fijas, estáticas, autónomas como pensamos que sean. Al contrario, son las relaciones que existen entre ellas las que los definen y les dan su sustancia particular. Semejantemente, el mestizaje no es la suma de las raíces culturales que lo componen, sino que es un fenómeno único por ser la materialización de las relaciones interculturales. Geográficamente, el Caribe se compone no de la totalidad de las islas y países de la región, sino de las relaciones que existen entre ellos.

Esta relación se expresa al fin de «Recuento» como un baile, la conga cubana. Esta «baile» es la toma de conciencia cultural, la experiencia poética trascendental, cuando todos nos damos cuenta de que somos copulantes.

NOTAS

1. Rafael Catalá, *Copulantes,* Santo Domingo, Serie Novilunio, Colección de poesía Luna Cabeza Caliente, 1981.

2. Alejo Carpentier, *Tientos y diferencias,* Montevido, Editorial Arca, 1967, p. 69.

3. Carpentier, pp. 37-8.

4. ●● =7.

Cultura, historia y escritura en Lezama Lima

EMILIO BEJEL

Lezama ve en América Latina el continente donde el barroco logró nuevo impulso. Este barroco no sólo se manifiesta en el arte, sino que además se realiza en la naturaleza. La fatiga cultural de Europa puede resolverse como un renacer en la naturaleza y la sociedad del Nuevo Mundo. Tal idea coincide con la de Oswald Spengler en *La decadencia de occidente*, obra muy leída por Lezama, así como por la mayoría de los autores de su generación.[1] Spengler consideraba que no había una cultura única y central capaz de imponer un dominio absoluto sobre todo el conocimiento y las manifestaciones artísticas, sino que existían varias culturas en distintas etapas de desarrollo. En estas culturas se producía un ciclo de nacimiento, crecimiento, vejez y desaparición, como en cualquier organismo viviente. Esta concepción permitía reafirmar la importancia de las culturas que estaban al margen del llamado «centro» de la tradición occidental. Las sociedades «periféricas» recibían un respaldo teórico en Spengler, y América Latina, como continente sustentado en tan numerosas culturas, aceptaba con beneplácito este apoyo de sus valores.

La diversidad cultural es precisamente uno de los factores fundamentales en la conformación del barroco. Lezama cree que América

---

Manzanillo, Cuba, 1944. Ha publicado: Poesía: *Del aire y la piedra, Ese viaje único, Direcciones y paraísos, Huellas/Footprints* (con Marie Panico), y numerosos ensayos sobre literatura hispanoamericana. Se anuncia la próxima publicación de *Literatura de Nuestra América* y *Lezama Lima, poeta de la imagen*. Es profesor de literatura latinoamericana de la University of Florida—Gainesville.

Latina se realiza a través de una fusión de razas y culturas diversas, y considera inaceptable el eurocentrismo y el complejo de inferioridad del latinoamericano ante Europa. Este complejo lo conduce con frecuencia a refugiarse en una autoctonía simplista, que es una autolimitación más que un acto creador. Por otro lado, observemos que toda insistencia en una autoctonía a lo Spengler se contrapone a la idea de progreso histórico y a una literatura políticamente comprometida con el mejoramiento social. La relación de dependencia e independencia que conlleva toda cultura es un proceso que se resiste a cualquier intento reduccionista. Es inevitable tratar de penetrar en las complejas relaciones y manifestaciones históricas y en el concepto mismo de cultura.

Para explicar la formación de una cultura, Lezama parte de otro concepto que coincide con el de Spengler: *cada cultura se funda en el paisaje donde le ha tocado desarrollarse.*[2] Sin embargo, el escritor cubano modifica de tal manera los corolarios de esa idea que llega a resultados muy diferentes a los del alemán. En *La decadencia de occidente* se establece una relación entre paisaje, cultura e historia que nos puede servir de punto de partida. Spengler pensaba que cada cultura tenía su raíz en un paisaje específico. Una cultura es la orientación espiritual de un grupo humano que ha logrado cierta concepción unificada de su mundo, de su paisaje; y esta imagen determina todas las demás actividades de su sociedad: arte, religión, filosofía y economía. Esta visión se expresa en una manera peculiar de percibir y concebir el espacio en que viven y actúan los miembros de su cultura. Para Spengler, el paisaje y el espacio funcionan como el símbolo cultural básico que es la clave para su comprensión específica y *sui generis* de la historia. Con esta historia «descentrada», Spengler venía a ser una especie de Kepler de la filosofía de la historia. Esta, como los astros, carece de un centro único o punto de referencia absoluto, y por eso su itinerario no es lineal, sino más bien elíptico. Como cada cultura crea su propia imagen, la historia resulta dislocada y multiforme. La historia es como una ficción barroca constituida por una serie de configuraciones culturales sin comunicación entre sí, de la que Europa occidental es solamente *una* entre otras muchas unidades independientes. Desde esta perspectiva, el estudio de la historia sólo puede aspirar a una comparación morfológica de las diversas culturas, y aun esa comparación de Spengler es difícil de justificar, ya que se supone que las culturas son aisladas y no se comprenden entre ellas.[3] Además de estas dificultades teóricas, Spengler presentaba otro problema para latinoamericanos como Lezama que buscaban una dirección en la historia, una esperanza de mejoramiento. En Spengler no existía un objetivo histórico; de hecho, la historia carecía de sentido. Solamente había ciclos aislados. Es obvio, pues, que quien buscara una orientación histórica debía tomar otros rumbos.

Lezama Lima, en *La expresión americana*, expone su visión de cultura, historia y paisaje. En estos ensayos, Lezama —además de señalar el cansancio de Europa y ver el Nuevo Mundo como la salvación de una cultura que se apagaba— elabora las diferencias entre el barroco europeo y el americano.[4] En Europa el barroco se caracterizaba por una acumulación carente de gran tensión y asimetría, y evitaba la fragmentación extrema de elementos de una misma unidad cultural: era el barroco que no se había olvidado todavía del gótico.[5] Sin embargo, el barroco americano se nutría de tensión y fragmentación, debidas más que nada a la diversidad social que tenía que romper unidades culturales distintas para luego soldarlas en un producto nuevo y pleno.

Para Lezama, el barroco americano es básicamente progresista, pero con un sentido teleológico. Lezama desarrolla una visión teleológica global basada en un elaborado concepto de imagen. El paisaje constituye una imagen en el grupo humano que lo habita, y para que esa unidad del paisaje llegue a adquirir un sentido, logre formar una cultura, tiene que ser interpretado por el sujeto, por el hombre.[6] Una vez que se percibe esta imagen del paisaje, el sujeto la va relacionando con todos los elementos de su universo, y de la retrospección de este proceso surge la visión histórica de esa cultura.[7] Por lo tanto, para Lezama, la visión histórica no se funda en el encuentro con un origen único, una fuente absoluta de toda emanación de la historia como buscaba Carpentier en *Los pasos perdidos*, sino en una proyección regresiva de dos formas imaginarias que cobran vida por intermedio del sujeto. La percepción de este sujeto que media entre dos formas funciona metafóricamente, es decir, comparando una forma conocida con otra desconocida, una forma invisible con otra visible, y es el proceso de la memoria metafórica el que le da al hombre y a su cultura una visión de su trayectoria en el tiempo.[8] Esta concepción recibe el nombre de «imaginaria» por basarse en la interpretación que realiza el sujeto de la imagen natural que provee su paisaje. Además, en su visión imaginaria Lezama asegura que no existe la repetición de dos configuraciones idénticas o de dos épocas históricas. La historia no se repite. Lo que puede sobrevivir es la imagen básica de una cultura.[9] Por eso, en vez de persistir en la idea de cultura en el sentido de Spengler, Lezama desarrolla el concepto de «eras imaginarias», enraizado en una concepción trascendental del sujeto, y de una historia que es la imagen de Dios encarnando en el tiempo.[10] Tal concepto se asemeja mucho al de Giambattista Vico, que veía la historia como el devenir de la Providencia manifestándose en ciclos que afirmaban el proceso histórico. Este giraba progresivamente debido a la tensión entre el pasado y el futuro. Para Vico la historia avanza a medida que los plebeyos adquieren derechos de los patricios que los tenían de ciervos. No es difícil ver en esto la razón por la que Vico, a pesar de su providencialismo católico, influyó en Hegel y en Marx. Lo atractivo de la filosofía de Vico para un contemporáneo reside en que fue la primera en elaborar un profundo sentido histórico anticartesiano.[11] Además, su teoría presentaba, entre otras cosas: una especie de lucha de clases; ciclos históricos que progresaban en favor de la libertad del hombre; y un conocimiento del hombre histórico opuesto al *Cogito* de Descartes: la naturaleza del hombre no es estática sino histórica, y cada época funciona dentro de una imagen que le sirve para percibir el universo desde una perspectiva específica.

Para Lezama la historia es el reflejo de la imagen divina que se proyecta en la contingencia y en la temporalidad. El desarrollo imaginario de la historia en Lezama carece de centro, y es un dinamismo dislocado, como el desplazamiento de la escritura. El «autor» o sujeto creador de un texto es el mediador entre dos imágenes: un pasado perdido y un futuro que nunca se logra del todo. Lo que existe es un texto de status precario que se desliza entre la intención hacia un origen borrado (o Paraíso perdido) y un presente que sólo aparece como futuro posible (o Resurrección al final de los tiempos), descentramiento dinámico que es precisamente el proceso del barroco. Barroco de la historia y de la escritura, que debido a su inestabilidad mantiene la fluidez del texto y el progreso de la historia. Este concepto se opone a la morfología comparada de hechos homólogos de Spengler, que llevaría a un eterno retorno, donde la historia se repetiría sin cesar. Sin el factor temporal del sujeto metafórico y la sobrevivencia de la imagen, la historia sería circular o estaría compuesta de ciclos sin dirección ni consecuencia. Lezama ve en todo eterno retorno un clasicismo pesimista inaceptable. De aquí su crítica no sólo a Spengler sino también a T.S. Eliot y a Nietzsche.[12] Toda finitud de combinatorias produce un regreso infinito que es básicamente pesimista. En este aspecto Lezama es la antítesis de Borges, que concibe la historia universal como la repetición de unas pocas metáforas.[13]

Lezama creía que la historia y la ficción se comportan de manera barroca, en el sentido de ser una tensión entre el pasado y el futuro que gira sobre un centro vacío. Si la historia y la escritura tuvieran un origen al que se pudiera arribar, una vez logrado este ideal, todo se estancaría. Si Lezama hubiera alcanzado los orígenes en el «Paradiso», o Carpentier hubiera hallado en su viaje por el Orinoco los pasos perdidos, la historia se hubiera detenido allí. Pero ese gesto romántico hacia un lugar ideal y utópico se sobrepasa cuando nos damos cuenta de que es un intento de antemano imposible en términos absolutos. No obstante, el drama entre la nostalgia por un Paraíso perdido y la llegada al reino de este mundo, aunque son objetivos inalcanzables en sentido absoluto, realiza un esfuerzo necesario y positivo tanto para la historia como para la escritura. Lo importante no es dar en el blanco sino lanzar la flecha, dice Lezama. De alguna manera habrá una recompensa. El movimiento multiforme y espiral del barroco americano no indica que no haya salida, sino todo lo contrario: apunta a una esperanza de progreso.

Si el barroco de Europa se dejó influir por el espíritu conservador de la Contrarreforma, el de América invirtió el signo hacia el impulso rebelde de la Contraconquista. Según Lezama, el mundo prerrenacentista poseía un tipo de imaginación que lo impulsaba a buscar algo nuevo donde iniciar una nueva cultura, donde recrear su imagen con nuevos mitos. Era una búsqueda por algo mongólico, bárbaro y maravilloso. Esta «imaginación de Kublai Kan», como decía Lezama, es la que guió a los conquistadores, que encontraron su contrapartida en unos mitos americanos «receptivos», que ya habían anunciado la llegada de un nuevo dios.[14]

NOTAS

1. Varios autores cubanos e hispanoamericanos de la generación de Lezama leyeron a Spengler y otros pensadores alemanes a través de las traducciones de la *Revista de Occidente*, fundada por Ortega y Gasset en 1923 /Ver José Antonio Portuondo, *Bosquejo histórico de las letras cubanas*, La Habana, Ministerio de Relaciones Exteriores, 1960)/. Para este artículo he utilizado la siguiente versión en inglés de *La decadencia de occidente*: Oswald Spengler, *The Decline of the West*, I y II, traducción de Charles Francis Atkinson , Nueva York, Alfred A. Knopf, 1928.

2. Lezama señala la relación entre paisaje y cultura en varias ocasiones, especialmente en «Mitos y cansancio clásico», en *La expresión americana,* Madrid, Alianza Editorial, 1969, pp. 9-14, 27.

3. Para una crítica de la teoría de Spengler, véase R.G. Collingwood, «Oswald Spengler and The Theory of Historical Cycles», en *Antiquity*, I (1927), pp. 311-325, 435-446.

4. Lezama Lima, «La curiosidad barroca», en *La expresión americana,* pp. 45-81.

5. Lezama critica el desprecio de Worringer por el barroco, pero no se puede negar la semejanza entre sus opiniones y métodos sobre el barroco y los de Worringer sobre el gótico. Ver Wilhelm Worringer, *Form in Gothic*, traducido por Herbert Read, Londres, G.O. Putman's sons, 1927.

6. Lezama Lima, «Mitos y cansancio clásico», en *ibid.*, pp. 14-16.

7. *Ibid.*, pp. 9-11.

8. Esta memoria metafórica que relaciona una forma visible con otra invisible es en realidad un proceso elíptico. Para un estudio de la elipsis en el barroco y el neobarroco, véase a Severo Sarduy, *Barroco*, Buenos Aries, Editorial Sudamericana, 1977.

9. Lezama Lima, «Mitos y cansancio clásico», en *ibid.*, p. 26.

10. *Ibid.*, pp. 20-21.

11. No sería exagerado decir que toda la obra de Lezama parte de una concepción anticartesiana de la literatura y del conocimiento. Ver los comentarios de Lezama sobre Vico en «A partir de la poesía», *La cantidad hechizada,* en *Obras completas* II, Madrid, Aguilar, 1977, pp. 831-832.

12. «Mitos y cansancio clásico», en *ibid.*, pp. 19-20.

13. Jorge Luis Borges, *Otras inquisiciones,* en *Obras completas*, Buenos Aires, Emecé, 1974, p. 638.

14. Lezama Lima, «Mitos y cansancio clásico», en *ibid.*, p. 33.

Maitreya: lama, Lezama, L.S.D.

OSCAR MONTERO

En la primera sección de *Maitreya*, «En la muerte del Maestro», unos monjes tibetanos lanzan los huesos quemados del Maestro por un precipicio. Los huesos se dispersan, cayendo según su peso; la cabeza rueda por el aire convertida «en una concha marina».[1] Dispersión/transformación: emblemas del texto cuya lectura no aspira a la reconstrucción lógica de una totalidad que el relato fragmenta sino a la recuperación provisional de uno de esos fragmentos de osamente transformado en reliquia marina. La lectura, de *Maitreya* comienza por un frase de Lezama, «hemos caído en lo cuantitativo de las influencias, superficial delicia de nuestros críticos, que prescinden del misterio del eco. Como si entre la voz originaria y el eco no se interpusieran, con su intocable misterio, invisibles lluvias y cristales».[2] Tres ecos resuenan en la pluralidad intertextual que compone la narración de Sarduy: el ecléctico budismo tibetano, la respuesta al vacío de la palabra de Lezama, y el erotismo urbano contemporáneo y el correlativo uso de ciertas drogas. Quisiera comentar la escritura de *Maitreya* en relación a tres citas escogidas entre tantas otras.[3]

Menos de mil años después de la muerte del Buda, en las diferentes sectas budistas se desarrolla un complejo panteón lleno de dioses y deidades menores, cada uno con su pareja conyugal. Entre los más poderosos seres del panteón se encuentra Maitreya, el Buda-porvenir, el encarnado en un ser humano que aparecerá en cientos de miles de años.[4] El uso de ritos heterodoxos, de prácticas eróticas y la

Nació en Cruces, Cuba. Su tesis doctoral versó sobre *De donde son los cantantes*. Es profesor de literatura de Princeton University.

veneración de Bodhisattvas, dioses populares como Maitreya u hombres sabios o lamas, caracteriza el budismo tibetano cuyo culto lamaico se cita a través del relato de Sarduy. El budismo del Tibet, distante retoño más que rama del budismo del norte de la India o Mahayana, se mezcla con la religión tibetana indígena Bön que incluye el panteísmo y la brujería de orígenes primitivos a los cuales se añaden las prácticas del tantrismo hindú. Es decir que el budismo tibetano incluye el misticismo hindú, el uso de *mudras* o ritos y la recitación de *mantras*, frases de poder mágico. Los textos escritos del budismo tibetano contienen un simbolismo sexual que llega a dominar el sistema de tantras o escrituras hindúes. En su resumen histórico del budismo, Christmas Humphreys concluye que el budismo tibetano

> is a unique blend of the highest and the lowest of man's mind. It belongs, if it is not *sui generis* to the Mahayana School. But the Tibetans claim to have many 'vehicles' or *yanas*, and it is not easy to suggest a collection of principles common to all. Yet all seem to agree that in the beginning was THAT, the nameless Absolute which all Hindus invoke as Aum, contracted to Om, the first syllable of the Tibetan formula Om Mani Padme Hum, the outer meaning of which is merely «Hail to the Jewel in the Lotus» and its inward meaning the meaning of the Universe.[5]

Cobra, reescritura burlesca y sagrada del *Bardo Thödol,* el libro tibetano de los muertos, concluye con una versión de la frase tántrica Om Mani Padme Hum: «Que a la flor de loto, el Diamante Advenga».[6] En *Maitreya*, las dos viejas, versiones siempre presentes de Auxilio y Socorro, entidad binaria generadora de todo actante en el relato, se integran a las prácticas del budismo tibetano y llevan la enseñanza original a los límites del delirio hereje.

En la sección «En la muerte del Maestro», las dos viejas y los monjes de un monasterio tibetano preparan el cadáver según los ritos del *Bardo Thödol* en el cual figura la concha sagrada, el objeto en el cual se convierte la cabeza del Maestro al ser lanzada por el precipicio.[7] Al lama moribundo le recitan «los últimos consejos» y quedan todos «extenuados por la complejidad y el estruendo de los ritos» (22). La cabeza lanzada emite el sagrado OM:

> La cabeza, como un planeta arrancado a su ley que al caer volviera al estado de lava, de cal o de nácar, en un

despliegue helicoidal y luminoso, quedó convertida en una concha marina que soplada por el aire, emitía un sonido invariable y sordo, vibración carbonizada de un estampido remoto. Un sonido que fue tornando hacia lo grave, hasta que, seguido por una lluvia de cartílagos, granizos roncos, se apagó en el círculo de un OM. (23)

La cabeza convertida en concha, natural arpa eolia, reproduce la frase sagrada del diamante en la flor y el eco de la explosión primordial.

En las secciones que siguen, «El Instructor», «la Isla», y «Guerra de reliquias», las peripecias de «las hermanas Leng» se refieren a la práctica y la historia del budismo en Tibet. Con la muerte del maestro aparece un niño, «el supuesto encarnado», una nueva versión del difunto lama. Al niño lo interrogan para ver si es de veras la reaparición mortal del Maestro desaparecido, al igual que en el budismo tibetano al morir el Dalai Lama, supremo líder espiritual, se busca por todo el país, a veces por años, hasta encontrar un niño que reconozca las posesiones del difunto.[8] El interrogatorio, durante el cual el niño se convierte en un joven, prueba que las viejas han encontrado el objeto de sus deseos:

> Cuando vieron que el examinado no se limitaba a responder, sino que se adelantaba, burlón, a las pruebas, que consideraba como farsas, y a las preguntas, que contestaba como adivinanzas, le entregaron el cordón de protección sagrada (sungdü) y la estola tradicional (khata), que anudó, jaranero, del modo prescrito, al cuello del más viejo de los examinadores.
>
> —¿Para qué atosigarme con más tests? —protestó —Conozco de sobra los cincuenta y un modelos de pensamiento. (35-36)

El joven será el nuevo lama, el líder espiritual, pero ya el lenguaje que usa se contamina de lo «jaranero», de una actitud risueña frente a lo sagrado, característica del budismo tibetano y de la escritura de Sarduy.

En la sección «La Isla» las viejas se llevan al niño al exilio y de nuevo evocan otra etapa de la historia del budismo. Instalados en Ceilán sus prácticas casi herejes traídas del Tibet chocan con el budismo más ortodoxo de la isla. En el Templo del Diente de Kandy, famoso repositorio de una reliquia del Buda, una de las Leng «para deteriorar la ancestral ceremonia del Diente de Buda, y 'empujar hacia lo real un acertijo', trató, frente a los guardianes atónitos, de morder el precioso colmillo» (43).[9] En Ceilán el Instructor todo lo resuelve con «el fácil aforismo 'samsara es nirvana'»[10] hasta que las hermanas Leng acaban por «cantarle sin pujo las cuarenta» (55). Al final de «La Isla» aparece el Dulce, apetecible joven cocinero y amante de Iluminada Leng, prostituta mística y voz narrativa provisional. Hartos de los ritos de las viejas y de la ineficacia del Instructor, Iluminada Leng y el Dulce se van «a lo largo de los mares hasta Matanzas» (61).

En la sección que sigue, «Guerra de reliquias», las dos viejas interpretan la partida de Iluminada y el Dulce como una herejía que evoca los más antiguos cismas del budismo en sus orígenes:[11] «las viejas, avinagradas y hostiles, los declararon traidores a la fe, traficantes de carismas, malversadores y tigres de papel» (65). Convencidas a su vez de la ineficacia del Instructor jaranero, que poco recuerda al sapiente difunto Maestro, las viejas comienzan a dedicarse a las prácticas más diversas que llegan a incluir el «arrebato punk» de una de ellas y el uso de hongos alucinógenos, «honguillos prietos, terrosos y rayados» (67). Cumplida su función en el relato («cumple mi función en el relato», 69), el Instructor se apresta para entrar en el nirvana. Al morir «Imaginó un árbol: las hojas moradas vibraron en el aire transparente y caluroso del mediodía indio» (69-70); el árbol es una figura clave que reaparecerá en el relato. De nuevo se alude a las prácticas funerarias del *Bardo Thödol,* con la diferencia que esta vez «se armó tremenda chusmería por la posesión de las grandes piezas» (75); se refiere a las partes del esqueleto que a veces hasta se vendían y cuya adoración contaminó incluso en Ceilán las prácticas más provechosas del budismo ortodoxo del Theravada.[12] El mensaje sagrado desaparece, al igual que ocurrió en la India hacia el año mil[13] «y del Instructor, los edificadores y las viejas no quedaron más que alegorías desviadas, leyendas municipales, habladuría y anécdotas» (81). Las viejas regresan al Tibet y se repite el rito funerario, los huesos lanzados al vacío; se reitera verbatim la descripción de la cabeza convertida en concha marina, sólo añadiendo los adjetivos «tornasolada y gigante», pronunciando de nuevo el sagrado OM (81-82).

La segunda parte de *Maitreya*, El Doble I y II, El Puño, I y II, El Doble, I y II y El Puño, I y II, corresponde a la contamiación del budismo tibetano por ritos esotéricos, una especie de teatro folklórico y prácticas sexuales tomadas de las Tantras; se trata del uso de otros «vehículos» o *yanas.*[14] Ahora Cuba, la otra isla, es el doble de Ceilán y se marca fuertemente el texto Lezama cuya presencia en *Maitreya* es un constante paralelo a la referencia al budismo del Tibet. Cuando muere el Maestro en la primera parte, al dirigirse al nirvana «se adentró en la fijeza» (22), al igual que al morir el Instructor «en el silencio tibio de la noche insular» (68), «Las viejas, al ver su fijeza, rompieron en alaridos y se ripiaron las ropas» (70). De *La fijeza* de Lezama es el poema «Pensamientos en La Habana» donde dice «Quieren que esa muerte que nos han regalado/ sea la fuente de nuestro nacimiento,/ y que nuestro oscuro tejer y deshacerse/ esté recordado por el hijo de la pretendida» y más abajo sigue, «pero yo continúo trabajando la madera, como una uña despierta, como una serafina que ata y destrenza en la reminiscencia».[15] El trabajo en la madera es el trabajo sobre el lenguaje, respuesta de Lezama, donde «La poesía es el reto sagrado de la realidad absoluta». Es su respuesta, su «encarnizado mirar la fijeza vertiginosa que lo mira».[16]

En *Maitreya* se diluyen los rituales budistas en prácticas tántricas; se contamina la forma, pero se mantiene el acecho al vacío que lleva a cabo el lenguaje y si el impulso narrativo del texto viene de los rituales tibetanos, el lenguaje de ese impulso es eco constante del pupilaje de Sarduy a la sombra de Lezama. En «El Doble» nacen dos gordas, la Divina y la Tremenda, que se dedican al teatro en Sagua la Grande, Cuba. Ahí viene a felicitarlas Luis Leng, propietario de una fonda donde trabaja su aprendiz el mulato Juan Izquierdo. Luis es hijo de el Dulce, el cocinero amante de Iluminada en la primera parte. Sarduy establece una genealogía culinaria cuya referencia explícita es el episodio del cocinero al comienzo de *Paradiso*. En *Maitreya* Luis Leng «De regreso a Cuba, formó al mulato Juan Izquierdo» (114), mientras que en *Paradiso* Juan Izquierdo le narra a José Cemí, «habiendo aprendido mi arte con el altivo chino Luis Leng».[17] En *Paradiso* Cemí silenciosamente le cede la palabra al cocinero Juan Izquierdo que con el comentario culinario introduce el pequeño drama en el cual se afirma la jerarquía familiar de cuya energía arranca el monumental discurso lezamesco. En cambio, en *Maitreya* el énfasis es en el pupilaje y en el ritual erótico no en el recuerdo familiar. Luis Leng, hijo de el Dulce, ensaña a Juan Izquierdo y los tres prestan su falo a las orgías de las hermanas Leng en sus varias versiones. El discurso de Sarduy arranca de la cita, del texto del otro; enarbola una escritura en torno al falo decorado, jaspeado.[18]

Luis Leng, aludido maestro de Juan Izquierdo en *Paradiso,* se convierte en *Maitreya* en poseedor de uno de los deseados falos que circulan por el texto de Sarduy. En elaborados rituales eróticos con las Leng, sus emanaciones conyugales, «Recibían así las dos el cetro de jade cuando Leng lo empujaba bruscamente hacia adelante y lo retiraba luego poco a poco» (118). Terminado el retozo erótico de los Leng, hay un momento donde se cruza la mirada intersticial narrativa con la presencia del personaje dotado de la deseadad estaca de jade:

> Cuando reapareció de este lado del paraván, en pose de halconero, ya tenía *in mente*, alzado por los espíritus menores del Bacardí, toda la mise-en-scène de su teatro pedagógico. Mientras mordisqueaba las rodajitas de naranja prendidas al borde del vaso, y se rascaba, como para comprobar que seguía en su lugar, el costurón entre las dos esférulas, había concebido la realidad como un lugar vacío, un espejismo de apariencias reducido al mito de su representación canjeada. (120).

El acto erótico se convierte en emblema del plan narrativo de *Maitreya*. El falo de Leng, siempre rodeado por un anillo de jade labrado se hunde en el vacío de la boca anhelante de la Tremenda: «Los dragones de jade le oprimieron los labios» (122). El «lugar vacío» lo llena el signo en toda su plenitud, el falo de jade; provisionalmente cesa el discurso, la boca llena de otra sustancia.

Primero en Sagua, luego en Miami, finalmente en Nueva York, el teatro y las ceremonias eróticas, al igual que en algunos monasterios tibetanos, reemplazan los ritos de la primera parte. Las dos gordas practican hasta el «*fist fucking*»:

> Se abría el traje la Tremenda por atrás, una faja de ballenas desabrochadas. Los ganchos zafados apresaban los orondos hemisferios glúteos, entre los cuales se hundía, hasta la muñeca, la mano de la Obesa Dos. Un dije de plata muy apretado y ancho, como el brazalete de un esclavo abisinio o la manilla de un artrítico, lindaba con el aro rosa dilatado.
>
> La segundona estaba tan campante como si sacara un doblón de un cofre, revolviera un baúl de ropa sucia, o arrancara un gato agarrado al fondo de un horno.
>
> Tres letras en la manilla, minúsculas rectas, muy del Bauhaus, delataban en la rolliza socia, y por ende en su modelo, contubernio con la secta naciente del templete a mano: «f.f.a.» Fict Fucking of America. (110)

Un enano, especie de *Deus ex machina* diminuto, participa en la ceremonia con su manito y además desempeña el oficio en unos baños «turcos» del downtown neoyorquino. Además es proveedor de las drogas que todas consumen y que producen visiones irisadas por una parte o torpor somnoliento por otra: «Sacudidas de fervor lisérgico» (111) o «sus iris enturbiados por el homenaje barbitúrico a Greta Garbo» (115). La Divina y la Tremenda son adeptas a cualquier maniobra erótica. Primero usan a Luis Leng, luego a un chofer iranio, especie de Venus masculino que emerge de la fuente de Washington Square, «los pies sobre un rosetón de olas lentas» (137). Montada en patines avenida abajo y en pleno *trip* alucinado, la Tremenda tiene una visión casi mística al ver al iranio que surge desnudo de la fuente.

El acto erótico presentado como un rito teatral donde más importa el gesto y la escena que el placer o donde gesto y teatro se hacen placer y las drogas, «esta desasosegada ingestión de hongos, proclives a la desidia mental y a la fijeza» (145) dominan el relato ubicado en un abigarrado intertexto donde no queda santo de la publicidad contemporánea que no se cite desde «una receta de Nitza Villapol», la Julia Childs cubana (131) hasta «la majestad nebulosa de Candy Darling entrando en la factoría» de Warhol (144). En el contexto de la pluralidad de discursos contemporáneos citados, el falo y el puño, ambos siempre decorados, cargados de otros signos, se relacionan a un erotismo teatral y se convierten en emblemas del constante despligue del lenguaje. No pueden, sin embargo, constituirse en signos de una trascendencia de la cual la letra sería el único vehículo: imposible «la teleología insular» lezamesca en los recovecos alucinantes del destierro.

En el ensayo sobre Casal, Lezama reconoce en Baudelaire «el convencimiento de que si su poesía habita una tierra desolada, la posibilidad de diálogo reitera su promesa».[19] La promesa se reitera también en el diálogo insular del propio Lezama, en su «señorial cortesanía trascendente, donde la creación adquiere la distancia trasmutadora de un ceremonial».[20] «Casal por el contrario», escribe Lezama, «tiene que resistir los rigores de la poesía, su lejanía viciosa, su hastío demoníaco . . . es decir, el ambiente de alcanzada ceniza y frustración, va a gozarse en las figuraciones de altivo relieve, con la riqueza de lo nítido y su cobertura de respetable suntuosidad».[21] En «la tierra desolada» de *Maitreya* el diálogo prometido de Baudelaire es apenas una posibilidad; ya es bastante alcanzar «la riqueza de lo nítido y su cobertura de respetable suntuosidad» que Lezama ve en Casal.

Maitreya termina con un parto fantástico.[22] Penetrada por la mano, la Tremenda se hincha y finalmente pare «el engendro tramado por el enano». Pare «Agarrada al árbol plástico, lleno de frutas diversas y abrillantadas, y de pajaritos trinadores» (181). La mano que penetra a la Tremenda substituye el falo, la cifra de la substitución; pero también la mano, generadora de la escritura se hace cifra de la substitución/ inscripción que compone el texto.[23] Al recién nacido lo meten en «una palangana de baldeo» igual que al niño que al comienzo del relato reemplazó al Maestro muerto. Es un Bodhisattva: «Su cráneo presentaba

> una protuberancia. El pelo, trenzado a la derecha, era azulado. Frente ancha y unida; entre las cejas, un círculo pequeño, de vellos plateados. Los ojos, protegidos por pestañas como de novilla, eran grandes, brillantes. El lóbulo de la oreja tres veces más largo que lo normal. (181)

La descripción podría ser la de una deidad del panteón budista, como Maitreya. Pero ya las viejas no esperan nada del ciclo de reencarnaciones. Están en plena etapa musulmana, «cantando el Corán a troche y moche» (184) y más le interesa a la tremenda la delicia fálica del chofer iranio que la reencarnación del Maestro. El texto se aproxima a una desintegración apocalíptica; se va haciendo emblema de su propio fin. El islamismo monoteísta y militante pone fin a los quehaceres plurales de los desaforados actantes: «A las privaciones impuestas añadieron el silencio» (183). El iranio «padre» del engendro, el «macharrán» que en un momento encarnó la visión erótico-mística de la Tremenda queda silenciado por drogas que no traen visiones, «sentado frente al televisor» (184). Desaparece del texto, al igual que la Tremenda, que alguien cree ver «exhibiendo el palmípedo como una curiosidad de circo o una maravilla» (185).

Finalmente no hay en *Maitreya* un Buda-por-venir; sólo quedan los ritos, el discurso elaborado sobre su ausencia. Sobre la referencia al budismo se construye el relato, el despliegue de las dos viejas. El Nirvana, el *summum bonum*, el final del deseo y de la miseria, acaba en un vació silencioso iluminado por la luz de un televisor. Quedaría entonces la presencia de la letra, la corona de frutas lezamesca, la respuesta a la fijeza. Cuando al enano lo persiguen unos truhanes musulmanes por los baños donde desempeña su papel de director de ritos sadomasoquitas, «catalogando eses y emes para la próxima sesión» (159), se esconde en un cuarto de gimnasia y «Pensó en un árbol frondoso, con lianas que bajaban de la copa y escaleras de soga» (163). El árbol que lo salvaría evoca el árbol que imaginó el Instructor al morir (69-70) y otro árbol en *Paradiso*. En la novela de Lezama el abuelo sueña con un cordero que sueña un árbol: «Lo que nace es su significante, el árbol, separado de otro significante, el cordero, por un corte simbólico».[24] En *Paradiso* en el sueño del cordero de donde nace un árbol, «El abuelo descubre que sus raíces no son las de su identidad nacional sino las del árbol de significantes».[25] Frente a «la fijeza» que lo interroga se encuentra en Lezama la plenitud y la fruición del árbol de signos, confianza en la palabra que alumbra el viaje tenebroso por los recovecos de la muerte: «la palabra como rescate de la inocencia, como fundación del paraíso en la creación verbal».[26] En cambio, en *Maitreya* el árbol donde nace el engendro final es un «árbol plástico» lleno de frutas y pajaritos tal vez del mismo material, versión irrisoria de la delicada flora y fauna lezamesca. Después de muerto un miembro de la caravana de las viejas, la última reencarnación del relato es «un cordero con cara humana» (182). Arbol/cordero de *Paradiso*: emblema el texto, del despliegue de signos en el cual el abuelo descubre su identidad. Arbol/cordero de *Maitreya*: texto hecho de citas, producto grotesco, acecho de un silencio nefasto, alumbrado por el neón urbano, irisado por las drogas.

En «A partir de la poesía» Lezama «invoca el angel de la jiribilla»:

> Angel nuestro de la jiribilla, de topacio de diciembre, verde de hoja en su amanecer lloviznado, gris tibio del aliento del buey, azul de casa pinareña, olorosa a columna de hojas de tabaco.[27]

Lezama afirma, «Mostramos la mayor cantidad de luz que puede, hoy por hoy, mostrar un pueblo en la tierra» y sigue, «Jiribilla, hociquillo simpático. Simpatía de raíz estoica. Fabulosa resistencia de la familia cubana».[28] En *Maitreya* el recién nacido del final es otra jiribilla: «La jiribilla se agitaba y quería zafarse, huir hacia el árbol» (181), pero el árbol es un matojo seco en «el tropical look» de «aquel dancing para locas latinas del down-town» (126). Lezama guía lo cubano suyo hacia su propia era imaginaria, hacia la plenitud de un lenguaje insular y de ahí la energía de todo su discurso. El ámbito del texto de Sarduy no es tan frondoso. Se sitúa en una modernidad atestada de mitos, imágenes hechas de palabras que acaban por cerrar el discurso con su insulsa agresividad visual. Entre ellos la letra impresa no es más que un signo entre otros. La letra de Sarduy no afirma nada; defiende un espacio cada vez más reducido. No hay en el silencio el enemigo rumor, ni mucho menos el Nirvana luminoso. Los ritos se repiten «hasta la idiotez o el hastío. Para demostrar la impermanecia y vacuidad de todo» (187). Pero esa repetición vacía alude oblicuamente al sincretismo del budismo, a la energía de su multiplicidad de ritos para vivir y para morir. Finalmente perdura el eco del sagrado OM del cual sería el texto el «altivo relieve» casaliano. Permanece el deseo del signo que no se repite, que continúa su huida, despliegue en el cual no deja de haber una extraña y alentadora beleza.

NOTAS

1. Severo Sarduy, *Maitreya*, Barcelona, Seix Barral, 1978, p. 23. Las citas que siguen se harán en el texto por número de página entre paréntesis.

2. «Julián del Casal», *Analecta del reloj*, La Habana, Orígenes, 1953, p. 67.

3. Me apoyo en el trabajo de Julia Kristeva sobre el texto, en particular *Le Texte du roman*, The Hague, Mouton, 1970 y *Recherches pour une sémanalyse* (Paris, Seuil, 1969).

4. Christmas Humphreys, *Buddhism*, London, Penguin, 1951, p. 198. Humphreys se refiere a los seres superiores del panteón tibetano, entre ellos Maitreya, «who will be the next human Buddha, although not for some hundreds of thousands of years». Me refiero varias veces al libro de Humphreys, abreviado *B*, especialmente a la sección, «Tibetan Buddhism», pp. 199-203.

5. *Ibid.*, 202-203.

6. *Cobra*, Buenos Aires, Editorial Sudamericana, 1972, p. 263.

7. W.Y. Evans-Wentz, comp., ed., *The Tibetan Book of the Dead*, London, Oxford University Press, 1960, pp. 18-28. En la sección «The Death Ceremonies» se describen los ritos de los «sacerdotes» tibetanos, «one blowing the sacred conchshell», p. 25.

8. Humphreys escribe, «Much space is occupied in books about Tibet with accounts of the curious and unique method of appointing the successor to both these offices /The Dalai Lama and the Panchean Lama/. The country is searched, sometimes for years, for a baby who will recognize possessions of the previous holder, and thus prove, by this and others means, that he is the new incarnation of the spiritual Principle which uses the body of this official», *B*, p. 200.

9. La primera misión del emperador budista Asoka fue a Ceilán, que aun se considera uno de los centros donde se practica el budismo más cercano a las enseñanzas originales o Theravada, la Doctrina de los Antepasados, *B*. p. 11. En el siglo tercero de la era cristiana en honor de la ortodoxia del Ceilán se le otorga un diente del Buda sobre el cual se construye el Templo del Diente en Kandy, *B*, 62-63.

10. Samsara es la antítesis de Nirvana. Nirvana es el «*summum bonum*» del budismo,

la ausencia del deseo y de la miseria; Samsara es un estado intermedio, el ámbito del devenir, de la vida terrestre, *B*, 244-245. «El fácil aforismo» del Instructor, «'samsara es nirvana'», remeda la sabiduría del Maestro, pero cae más bien en un sin-sentido poco fructífero.

11. Después de la muerte de Buda, escribe Humphreys, «The main doctrinal difference between the two parties seems to have been the means of attaining Buddhahood, the orthodox Elders maintaining that it was the fruit of strict observance of the Rules, and the unorthodox minority holding, as the Mahayana holds to-day, that Buddhahood already dwells within, and only needs developing. The defeated minority held a Council of their own, and from this dichotomy within the Sangha may be traced the manifold sects into which the corpus of 'Buddhism' was split within a hundred years or so of its foundation». *B*, 45.

12. *B*, 63.

13. «There was a brief revival in Magadha under the Pala Dynasty, but by the year 1000 little was left of Buddhism in India for the invading Moslems to destroy». *B*. 58.

14. «The adherents of Tantrism therefore, ascribed to all the gods of Buddhism the personified abstractions of its metaphysical theology, a *Shakti,* their female counterpart, and display these couples in pictures and statues as locked in a sexual embrace . . . Sex is a fact and a universal fact, and its force can be used to the mind's enlightment. Its very power, however, makes it immensely difficult to handle, and no one doubts that a proportion of tantric followers merely indulge in the force which they should be learning to harness to impersonal ends», *B*, 191-192. A pesar de su postura progresista frente al sexo, se nota la cautela moralizante de Humphreys. Refiriéndose a los monjes tibetanos añade, «The monks range from brilliant-minded, highly spiritual men to lazy, dirty wastrels, and the convents are filled with women of little less range in spiritual value», *B*, 201. En los monasterios además se organizaban presentaciones dramáticas más folklóricas que budistas usando máscaras y disfraces grotescos, *B*, 201. «Las viejas» de *Maitreya* se muevan precisamente en un ambiente donde lo sagrado colinda con lo profano y donde se admiten varios «vehículos» o «yanas», *B*, 202.

15. *Poesía completa* (La Habana: Instituto del Libro, 1970), pp. 145-147.

16. Cintio Vitier, *Lo cubano en la poesía* (La Habana: Instituto del Libro, 1970), p. 446, p. 453.

17. En *Paradiso,* dice Juan Izquierdo de Luis Leng, «que al conocimiento de la cocina milenaria y refinada, unía el señorío de la *confiture*, donde se refugiaba su pereza en la Embajada de Cuba en París, y después había servido en North Caroline, mucho pastel y pechuga de pavipollo, y a esa tradición añado yo, decía con sílabas que se deshacían bajo los abanicazos del alcohol que portaba, la arrogancia de la cocina española y la voluptuosidad y las sorpresas de la cubana, que parece española pero que se revela en 1868». (México, Era, 1968), pp. 17-18.

En *Maitreya* Sarduy cita a Lezama con nota al calce, dando la siguiente versión del episodio: «(Al conocimiento de la cocina milenaria y refinada, unía Luis Leng el señorío de la confiture, donde se había refugiado su pereza en la Embajada de Cuba en París. Había servido, más tarde, mucho pastel y pechuga de pavipollo en North Caroline. De regreso a Cuba, formó al mulato Juan Izquierdo, que añadió a la tradición la arrogancia de la cocina española y la voluptuosidad y las sopresas de la cubana, que parece española pero se rebela en 1868», (114). El «yo» de Juan Izquierdo, que le da momentánea presencia a su discurso y poder silencioso al niño Cemí que escucha sentado en un cajón desaparece en la cita de Sarduy donde el narrador se distancia en el intersticio de la discreta nota al calce.

18. Sobre el falo escribe Lacan, «Car le phallus est un signifiant, un signifiant dont la fonction, dans l'économie intrasubjective de l'analyse, soulève peut-être le voile de celle qu'il tenait dans les mystères. Car c'est le signifiant destiné a désigner dans leur ensemble les effets de signifié, en tant que le signifiant les conditionne par sa présence de signifiant». «La signification du phallus», *Ecrits*, Paris, Seuil, 1966, p. 690.

El falo no es un objeto sino la marca de una ausencia, el signo de la ruptura fundamental que constituye al sujeto en tanto que miembro de un orden simbólico. La figura del falo como significante privilegiado es correlativa al cursar del sujeto por la cadena significante en búsqueda del significante que provisionalmente llenaría el lugar del falo. El falo lacaniano sería el término límite en la cadena significante por la cual cursa un sujeto. Nunca entra en la cadena sino en forma de significante provisional. Ver J. D. Nasio, y G. Taillandier, «Fragments sur le semblant», *Ornicar*?, 5 (hiver 1975/76), p. 91.

Cuando el falo de Luis Leng entra en la boca de la Tremenda, desaparece, pero queda fuera el anillo decorativo que lo mantiene erecto, el otro significante que evoca su ausencia: «Los dragones de jade le oprimieron los labios» (122).

19. *Analecta del reloj,* p. 78.

20. Vitier, p. 447.

21. *Analecta del reloj,* pp. 78-79.

22. Si en *Paradiso,* según Enrique Lihn, «parto y texto se correlacionan», en *Maitreya* el parto final no es figura del incesto superado en la inscripción textual sino resultado maravilloso del acto erótico teatral, el *fist fucking*, convertido en emblema de la producción del texto. Ver Enrique Lihn, «'Paradiso', novela y homosexualidad», *Hispamérica*, viii, no. 22 (abril, 1979), 11-12.

23. Puede leerse la sustitucion en *Maitreya* del falo por la mano como una lectura de Derrida a partir de Lacan. En su obra y en particular en las entrevistas publicadas bajo el titulo *Positions* (Paris: Minuit, 1972), Derrida cuestiona el concepto lacaniano de «*manque*» del sujeto y la supremacía del falo como significante del proceso de la significación. Derrida escribe, «Que le signifié ultime de cette parole ou de ce *logos* soit posé comme un *manque* (non-étant, absent, etc.) cela ne change rien à ce *continuum* et reste d'ailleurs strictement heideggerien,» p. 117n.

Al falocentrismo lacaniano Derrida opone el concepto de la diseminación: «La dissemination 'est' cet *angle* de jeu de la castration qui ne se signifie pas, ne se laisse constituer ni en signifié ni en signifiant, ne se présente plus qu'il ne se représente, ne se montre pas plus qu'il ne se cache», *Positions*, p. 121. En Lacan el falo como término límite se inscribe en un esquema trinitario al cual Derrida opone el concepto de «simulacro», un doble que remeda la relación dual del significante. En ese contexto se puede leer el uso de los dobles en Sarduy y el movimiento en *Maitreya* del falo ornado, emblema de la significación, a la mano-falo, significante provisional, emblema de la escritura como inscripción textual de un sujeto, como marca necesaria e inmanente.

Ver también François Wahl, «La Structure, le sujet, la trace», *Qu'est-ce que le structuralisme*? (Paris: Seuil, 1973), pp. 127-189.

24. Roberto Echavarren, «Obertura de *Paradiso*», *Eco*, no. 202 (agosto 1978), p. 1074.

25. *Ibid.*, pp. 1075-1076.

26. Julio Ortega, «Aproximaciones a *Paradiso*», *Relato de la utopía: notas sobre narrativa cubana de la Revolución* (Barcelona: La Gaya Ciencia, 1973), p. 54.

27. *Introducción a los vasos órficos* (Barcelona: Barral Editores, 1971), p. 181.

28. *Ibid.*

El Che, narrador: Apuntes para un estudio de *Pasajes de la guerra revolucionaria.*

EFRAIN BARRADAS

(A María Mercedes Dalmau)

No sé si hoy se leen las memorias y los diarios del Che con la intensidad y el fervor con que se leían hace ya algunos años. Me sospecho que, desafortunadamente, no es así, que hoy se devoran otros tipos de testimonios. Quizás más que las memorias del Che se lea hoy con interés y fervor el testimonio de otro argentino, Jacobo Timerman, o los muchos otros testimonios de represión y tortura que forman ya un subgénero en las letras hispanoamericanas. Hemos cambiado mucho y ese cambio se refleja en nuestras lecturas: hemos ido del testimonio de una guerrilla de izquierda al de la represión de la derecha. Quizás todo esto indique que ya es tiempo de volver a producir testimonios de guerrilleros. Pero vaticinar nuestro futuro, diagnosticar nuestro presente ni examinar nuestro pasado es mi propósito. Me propongo regresar a un texto del Che Guevarra, *Pasajes de la guerra revolucionaria,*[1] sus memorias de la guerra en Cuba. Quiero volver a este texto para estudiar en él los mecanismos narrativos aquí empleados. En otras palabras, no pretendo examinar al Che como guerrillero o teórico político sino como narrador porque creo que éste es un aspecto poco estudiado de su labor que ayudará en más de una manera a entender la totalidad de su obra.[2]

De inmediato advierto que este examen, aunque estudia el texto como pieza narrativa no pretende quitarle a éste ni veracidad histórica

---

Puertorriqueño. Ha publicado numerosos estudios sobre literatura del Caribe. Es profesor de literatura latinoamericana en la Universidad de Massachusetts-Boston.

ni efectividad política. Por suerte el texto que examino no ha sido aun convertido en documento arqueológico sin relevancia para el presente. Me enfrento a un texto históricamente vivo, no a un documento muerto como infinidad de otros que ya valen sólo por su letra y no por su espíritu. Insisto que el análisis formal de este texto del Che Guevara puede añadir algo al estudio de su valor histórico y su contribución política. La estructura de este texto no es un componente adicional o aislado sino parte integral del texto mismo. Como se verá, el Che narrador ilumina al Che guerrillero.

En el prólogo a *Pasajes de la guerra revolucionaria* Guevara explica al lector su propósito al escribir este libro. Su temor de que «... el recuerdo de la lucha insurreccional se va disolviendo en el pasado sin que se fijen clarament los hechos...» lo lleva a «... completar mejor la historia...» (p. 9). O sea, el Che quiere que todos los participantes en esta acción bélica aviven los datos ya sabidos pero muertos con sus recuerdos personales. El Che habla en el prólogo de «... la tarea de narrar» (p. 9) la historia. En sus palabras se hace evidente, de forma indirecta e implícita, una dicotomía, la primera que encontramos en este libro lleno de dicotomías. Esta dicotomía primera es la de historia y narración. Para el Che la historia es colectiva, amplia, global y la narración que pretende presentar con sus memorias es personal, limitada, restringida. Sólo que la suma de esas narraciones personales avivarán la historia si cada uno de esos puntos de vista individuales son fieles a la verdad histórica. El texto que el Che contribuye, pues, es limitado pero verídico. De ello tiene plena conciencia su autor. Y esa conciencia ya apunta el primer rasgo del narrador que nos contará su historia: tiene conciencia de ser narrador.

Este es un punto importante que teñirá todo lo que digo a continuación. Por ello creo que debo detenerme en esta consideración: trabajo con un texto que narra y tiene conciencia de estar narrando.

Examinemos, primero, la relación que se establece entre el narrador y el lector de este texto. Lo primero que hay que notar es un tono de conversación directa. El narrador habla al lector y, más aun, presupone cierto conocimiento de parte de éste. Se presupone, principalmente, que el lector conoce los resultados últimos de la acción que se narra. Usualmente en un texto narrativo la voz que cuenta conoce perfectamente bien la trama de lo narrado y se la va revelando poco a poco al lector. Hay momentos en que la voz narrativa debe casi engañar al lector para crear así intensidad, suspenso, misterio. Esta es la forma que tiene el narrador para entretener al lector. Pero en el texto del Che el lector, al igual que el narrador, sabe desde antes de empezar a leer el libro que Batista huye el 31 de diciembre de 1958 y que días después los héroes revolucionarios entran por fin victoriosos a la ciudad. O sea, el resultado final se conoce de antemano: no hay aquí misterios que mantengan la atención del lector. Aun más: nosotros — pero no los primeros lectores de estas memorias — sabemos hasta lo que años más tarde le ocurrirá al narrador mismo. Esta aparente perogrullada tiene tres consecuencias importantes en nuestro análisis de las técnicas narrativas del texto del Che que examinamos.

Primero, como el texto no puede tener un final sorpresivo pues el lector sabe lo que ocurrirá al finalizar la acción, el narrador tiene que atraerlo de manera distinta a la que se emplea en una narración tradicional que centra su atención en el descubrimiento al final de la trama. Hay más que decir sobre el final del libro, pero eso se hará más tarde. Ahora sólo recalco la falta de sorpresa que es rasgo importante para entender como funciona este texto narrativo.

Segundo, para crear interés el narrador recurrirá a tres medios o técnicas. Uno: crea pequeños incidentes sorpresivos dentro de la trama general ya conocida por el lector; dos: depende de detalles descartados por la historia por insiginificantes y así llama la atención del lector con algo nuevo; tres: incrusta en el texto narrativo disquisiciones de tono ensayístico que relacionan el texto con la obra ensayística del narrador, especialmente con *La guerra de guerrillas* (1960). El lector hallará en todas las páginas de *Pasajes...* ejemplos múltiples de estos tres recursos.

La tercera consecuencia de este conocimiento previo del final de lo narrado es el tipo de caracterización que emplea el Che. Los «personaje» de la narración no sólo se presentan y se juzgan a partir de su acción durante el tiempo de los sucesos que se narran sino por sus acciones futuras que el narrador, desde su marco temporal fuera de la acción narrada, conoce. Nótese, por ejemplo, como funciona este recurso en el texto mismo. Después de relatar un hecho acaecido dentro de las límites temporales de la acción narrada el Che añade:

> Esto no acabó aquí. Al día siguiente un grupo de inconformes con la decisión que había adoptado la mayoría, decidió retirarse de la guerrilla. Había una serie de elementos de muy poca categoría humana pero también muchachos valiosos. (p. 146)

Y el pasaje concluye:

> Aquellos hombres que no respetaron la mayoría y que demostraron su inconformidad abandonando la lucha, después se pusieron al servicio del enemigo y vinieron como traidores a luchar en nuestro suelo. (p. 147)

El método de caracterización empleado por el narrador está determinado por su conocimiento del futuro distante de sus personajes y no se basa exclusivamente en las acciones que caen dentro del marco temporal de lo narrado. La diferencia entre este tipo de caracterización y la común en obras narrativas reside en que el narrador trasciende aquí su propio marco temporal. Es como si el narrador del *Lazarrillo,* por ejemplo, supiera lo que le pasó a Lázaro de Tormes después del final de la novela y que ese conocimiento afectara su caracterización de los personajes en el marco de la acción misma. Una posición similar a la del narador de *Pasajes...* ocupamos hoy los lectores de la obra del Che pues sabemos qué le ocurrió en Bolivia y ese conocimiento, como se verá más tarde, modifica nuestra lectura de este texto temprano.

Pero en *Pasajes de la guerra revolucionaria* hallamos otros elementos narrativos, menos obvios y tan importantes como éste, que sirven también para configurar el texto. El principal, para mí, se halla escondido en la páginas de estas memorias pero, creo, sirve de elemento inconsciente de suspenso y tensión. Veamos cómo funciona este elemento organizador en la narración.

Ya había señalado de paso que todo el libro del Che está lleno de presentaciones de principios opuestos, algunos de los cuales llegan a resolverse en un proceso de tono dialéctico o meramente quedan planteados como opuestos sin solución en el texto. Uno de los más obvios es la pareja sierra-llano, Monte-ciudad, campesino-hombre del pueblo, guerrilla campesina-lucha urbana son parejas paralelas a ésa o permutaciones de la primera. Detrás de esa pareja antitética, sierra-llano, está un principio político que se discute en el texto y que fue, como sabemos por la historia del proceso revolucionario cubano, una cuestión importantísima y ampliamente discutida. Pero en la narración del Che ese principio político real y concretísimo sirve también para estructurar lo que se narra. El Che presenta directamente esa pareja antitética:

> Prácticamente, eran dos grupos separados, con tácticas y estrategias diferentes. Todavía no se habían producido las

> hondas divisiones que meses más tarde pondrían en peligro la unidad del Movimiento, pero ya se veía que los conceptos eran diferentes. (p. 48)

El pasaje apunta a ciertos recursos ya señalados como comunes en el libro: adelanto de lo que ocurrirá, suspenso momentáneo y explicación directa de la acción. Pero también el pasaje esclarece la dicotomía que va a estructurar gran parte de la narración: la lucha entre el llano y la sierra. Nótese, en los ejemplos que siguen, como esa dicotomía determina pequeños detalles del texto mismo:

> Los campesinos de la sierra demuestran una capacidad extraordinaria para cubrir distancias larguísimas en poco tiempo y de ahí que, constantemente, nos viéramos engañados por sus afirmaciones, allí a media hora de camino, «al cantío de un gallo», como se ha caracterizado en general este tipo de información que casi siempre para los guajiros resulta exacta, aunque sus nociones sobre el reloj y lo que es una hora no tiene mayor parecido con la del hombre de la ciudad. (p. 69)

El Che, que defiende en otros pasajes un orden y un sistema exacto, aquí alaba el sistema intuitivo, no racional, del campesino. En el fondo de este pasaje se encuentra el problema político de la preponderancia de la sierra o el llano. Su defensa política del guajiro, y por ende de la guerrilla en la sierra, lleva al narrador a estructurar pasajes como éste y el que sigue, donde se desvalora al hombre de la ciudad en aprecio al de la sierra:

> Era muy difícil mantener la moral de la tropa, sin armas, sin el contacto directo con el Jefe de la Revolución, caminando prácticamente a tientas, sin ninguna experiencia, rodeados de enemigos que se agigantaban en la mente y en los cuentos de los guajiros; la poca disposición de los nuevos incorporados que provenían de las zonas del llano y no estaban habituados a las mil dificultades de los caminos serranos, iba provocando crisis continúas en el espíritu de la guerrilla. Hubo un intento de fuga que estaba encabezado por un individuo llamado «El Mexicano», que llegó a tener el grado de capitán y hoy está en Miami, como traidor a la revolución. (p. 107)

Muchos más podrían ser los ejemplos que servirían para confirmar la presencia de esta anteposición de opuestos — sierra y llano, con su gran número de variantes — que sirve para entender mejor ciertos pasajes del texto del Che. Aquí vemos como la teoría política que apoya y subyace en las memorias configura el texto hasta en detalles mínimos. Sólo quiero señalar un hecho importante a este respecto y con el propósito de ser justo con el narrador: el choque de estos opuestos se resuelve en el texto. Tras la muerte de Frank País, figura positiva que encarna lo mejor de los compañeros de la ciudad, y tras el primer fracaso de los esfuerzos de las acciones clandestinas en Santiago y La Habana, Fidel adopta la comandancia de la totalidad de las fuerzas rebeldes, las de la sierra y las del llano, y de esa forma los opuestos en el texto y en la realidad política se conjugan. Lo que ocurre simbólicamente en el texto, como ocurrirá más tarde en la realidad, es que la sierra (encarnada en Fidel y los guerrilleros) baja al llano y se impone.

En todo el texto del Che notamos una caracterización muy positiva de Fidel que se convierte en un ser casi mítico en estas páginas. No hay un solo momento en *Pasajes de la guerra revolucionaria* donde se asome ni remotamente una crítica a Fidel aunque abundan pasajes de autorcrítica y autocaracterización negativa. Fidel va a representar en la estructura del texto un polo en otra pareja de opuestos más profunda e importante en el sistema narrativo del libro. Esta nueva pareja es la del guerrillero y el médico y es la pareja central para la presentación del protagonistas de estas memorias y, por ende, del libro en sí.[3]

Desde muy temprano en el texto el narrador plantea, clara y directamente, esa dicotomía. En el primer capítulo el Che, al narrar el ataque después del desembarco en Cuba, presenta un pequeño incidente que es clave para todo el libro:

> ... en ese momento un compañero dejó una caja de balas casi a mis pies, se lo indiqué y el hombre contestó con cara que recuerdo perfectamente, por la angustia que refejaba, algo así como «no es hora para caja de balas», e inmediatamente siguió el camino del cañaveral (después murió asesinado por uno de los esbirros de Batista). Quizás esa fue la primera vez que tuve planteado prácticamente ante mí el dilema de mi dedicación a la medicina o a mi deber de soldado revolucionario. Tenía delante una mochila llena de medicamentos y una caja de balas, las dos

> eran mucho peso para transportarlas juntas; tomé la caja de balas, dejando la mochila... (p. 13)

Todo el texto está en simientes en este pasaje, pues, lo que el narrador ejemplificará en el resto del libro es cómo el protagonista — que es el narrador, recordémoslo— completa y confirma esta decisión. El narrador se justifica: «... mis conocimientos de medicina nunca fueron demasiado grandes...» (p. 90). La des-doctorización — perdonarán la palabreja — no se da de forma lineal y progresiva. Hay retrocesos: «... tuve que cambiar una vez más el fusil por mi uniforme de médico que, en realidad, era un lavado de manos» (p. 90). ¿Qué es ese «lavado de manos»? No queda aclarado en el texto.[4] ¿Se puede interpretar como una manera de deshacerse de las responsabilidades del guerrillero? Esa interpretación parece confirmada con otros incidentes narrados en *Pasajes*.... Después de un ataque el Che vuelve a adoptar su profesión para cuidar de algunos compañeros heridos; se hace obvio su deseo de volver a participar en la guerrilla. Por eso dice que su deber era «... defender hasta la muerte la carga preciosa de heridos que nos habían encomendado» (p. 97). Nótese que este es un deber muy distinto al del médico — velar por la vida de sus enfermos —; aquí el Che defiende la vida de los pacientes de otro ataque pero no los cura. El Che no actúa como médico sino como guerrillero. Más tarde puede dejar definitivamente su rol de médico:

> En la última reunión estaba presente un nuevo médico incorporado a la guerrilla, Sergio del Valle... (p. 116)

Desde entonces se ve libre de la trabas de su profesión y se convierte plenamente en guerrillero. El Che se «fideliza».

Visto de este forma el texto entero cobra mayor fuerza narrativa pues se convierte en una especie de mini-bildunsromans donde el narrador alcanza su ideal. Así el último segmento del libro cobra también mayor sentido. Sorprende que el Che haya incluido como parte final de *Pasajes de la guerra revolucionaria* un cuadro de un guerrillero guatemalteco, Julio Roberto Cáceres Valle, «El Patojo», quien no participó en la guerra cubana. El pasaje rompe el marco temporal del resto del libro y parece romper también con su temática. ¿Por qué incluye el narrador este pasaje distante a la trama y, más aun, por qué lo coloca en lugar tan importante en el texto? Otros críticos se han formulado la misma pregunta[5] y sus respuestas, aunque válidas e iluminadoras, dejan aun lugar para otras especulaciones. Si se considera que el texto completo demuestra el proceso de cambio y formación de un guerrillero vemos que el pasaje final y aparentemente desconectado del resto de la obra cumple dos funciones importantes en la estructura narrativa de ésta. Primero: el pasaje final le da tensión al texto al narrar un incidente poco conocido por el lector que se sentirá atraído por la suerte de este guerrillero guatemalteco cuya vida está fuera de la historia que debe conocer para entender la trama central del libro. En «El Patojo» el Che se transforma en narrador convencional que tienta al lector con una trama desconocida. Segundo y más importante: con este pasaje el Che, desde su humildad característica, presenta la culminación del proceso de «... este afonoso oficio de revolucionario» (p. 225) no en sí sino en otra persona. El libro narra su transformación de médico a guerrillero y en el último pasaje se da el retrato del guerrillero ideal. Pero el narrador-protagonista no se nos ofrece como tal sino que brinda la figura de otro guerrillero como culminación de ese proceso. Tal final no es sólo consistente y apropiado para un libro donde tantas cosas se dicen de manera indirecta sino que, sin su narrador saberlo, vaticina el futuro del narrador mismo: el Che, como «el Patojo», es el guerrillero ideal que muere por su causa. Pero esa última interpretación sólo nos la facilita nuestra perspectiva temporal, no el texto mismo.

A través del empleo de estos recursos el texto adquiere mayores méritos como obra narrativa. Aunque a veces la intencidad de la narración reside en pequeños incidentes dentro de la trama mayor — recuérdese el hermoso incidente del cachorro, incidente que evidencia la lección aprendida en Jack London, uno de los maestros de narrativa del Che —, visto como la narración del proceso de aprendizaje del Che guerrillero, el texto adquiere mayor unidad y fuerza narrativa. Ya no es sólo el recuento o la memoria de una acción revolucionaria sino la presentación del cambio del héroe de médico a pesar de sí a guerrillero ideal. La presencia de esa pareja de opuestos dentro del ámbito del texto — médico-guerrillero— le da tensión a una narración conocida de antemano por todos sus lectores.

Muchos otros rasgos narrativos de interés quedan sin estudiar, pero, creo, que los que aquí analizo prueban que el texto del Che tiene méritos como pieza narrativa. No es, por suerte, que su importancia histórica sucumbe ante la fuerza estética del texto sino que estas estructuras narrativas, bien manejadas, vienen a reforzar el relato histórico y la teoría política que el texto presenta. El Che narrador está en función del Che guerrillero.

NOTAS

1. Cito por la tercera edición, 1976, de la Serie Popular de la editorial Era de México. Señalo entre paréntesis la página citada.

2. Hay varios trabajos que abordan el tema de los rasgos literarios del Che. Muchos de ellos, por cierto, prestan especial atención a *Pasajes de la guerra revolucionaria* que es, probablemente, el texto más artístico de Guevara. Una reseña de la bibliografía crítica sobre el Che escritor comprueba que aun el tema no ha sido estudiado en todas sus ramificaciones y justifica, así, este trabajo.

Graziella Pogolotti («Apuntes para el Che escritor», *Casa de las Américas*, año VIII, nº. 46, enero-febrero, 1968, pp. 152-55) y José Antonio Portuondo («Nota preliminar sobre el Che escritor», *Unión*, año VI, nº. 4, diciembre, 1967, pp. 29-34) ofrecen más que detalles y análisis entilísticos y formales evaluaciones amplias y, a veces, vagas sobre los rasgos estéticos de la obra del Che. Adolfina Cossió («El humorismo y la ironía en los escritors del Che», *Santiago* nos. 2-3, junio, 1971, pp. 211-18) ya brinda en su estudio más detalles pero, por desgracia, se concentra en la catalogación. Angel Augier («*Pasajes de la guerra revolucionaria*», *Universidad de La Habana*, nº. 163, septiembre-octubre, 1963, pp. 202-03) y César Leante («Los pasajes del Che», *Casa de las Américas*, año VIII, nº. 46, enero-febrero, 1968, pp. 155-60; refundido y recogido en *El espacio real*, La Habana, UNEAC, 1975, pp. 89-98. Cito por la primera versión) centran su atención en el libro que ahora estudio. El trabajo de Augier es una breve reseña descriptiva. El de Leante es el más detallado y preciso que conozco sobre el tema.

El presente estudio, como señalan su título y lo ya dicho, sólo pretende aportar nuevos elementos para un trabajo más amplio que habrá que hacer en el futuro. Ninguno de los trabajos existente y consultados tocan los puntos esenciales de éste.

3. Sólo Leante (p. 156) había observado este conflicto en *Pasajes...*, pero sus observaciones se limitan a apuntar el conflicto; no obtiene de sus observaciones mayores conclusiones que las que el Che mismo plantea en su texto.

4. Cossío apunta la tendencia en los escritos del Che a crear palabras y frases nuevas. ¿Es ésta una de ellas?

5. Leante opina que el Che termina su libro con el pasaje dedicado a un guerrillero guatemalteco «para darle una amplitud continental al combate que se libró aquí, para dar a entender que la gesta cubana no era en última instancia sino un episodio más o el inicio de la que ineluctablemente tenía que producirse en América Latina» (p. 159).

Oscar Hurtado's *The Dead City of Korad*: A Unique Experiment in Cuban Science Fiction Poetry

LUIS F. GONZALEZ-CRUZ

1964 was a very good year for «Ediciones Revolución,» one of the various publishing organisms under the auspices of the Cuban Revolution at the time.[1] Several distinctively good books saw the light that year,[2] among them Oscar Hurtado's *The Dead City of Korad* — a unique collection of science fiction poetry.[3]

Those who knew Oscar Hurtado (Cuba, 1919-1979) heard him state one time or another that a book could conquer death. The editor of his volume *La Seiba*[4] comments on this: «His habit of writing is such a powerful impulse in him that he believes, with certain candor, in his ability to win over death with a book.»[5] This idea moves Hurtado to write such a book. And «winning over death with a book» does not merely imply, as one would expect, that a book which becomes a recognized work of art — a «classic» — will gain its author fame and, subsequently, immortality.

It is essential that we point out here, instead of keeping this fact as a «sensational» element of surprise to be exploited during the course of our analysis, that Oscar Hurtado was almost certain at that time that his life would slowly come to an end as the result of a skin illness. If life was to be found in a book, he must have thought that this

---

Cárdenas, Cuba, 1943. Ha publicado: *Pablo Neruda y el «Memorial de Isla Negra.» Integración de la visión poética; Pablo Neruda, César Vallejo y Federico García Lorca. Microcosmos poéticos; Neruda. De «Tentativa» a la totalidad* y numerosos artículos sobre literatura hispanoamericana. Es profesor de literatura hispanoamericana de The Pennsylvania State University at New Kensington.

book had to be written right away. Two reasons led him to select science fiction poetry for his project. He chose poetry because for him this genre could comprise every existing thing; he felt that «poetry is precisely that which is composed of all and all things among which one can include the Theory of Relativity, space travel, and chess; the measure of poetry is that of man.»[6] And he chose science fiction because, as he put it, «science fiction is the literature of all possibilities, that is to say, poetry itself.»[7] From these premises emerges *The Dead City of Korad*, a book in the best tradition of science fiction literature.

What makes the book unique is that, unlike many other works of this type, Hurtado's poems not only maintain the suspense throughout the twenty one texts that form the collection, but they also confront the reader with an elaborate web of symbols used by the author to reveal his deepest concerns about life, illness, death, human passions, man's limitations, and poetry in general.

The shadows of Goethe, Ray Bradbury and Edgar Rice Burroughs are ever-present in *The Dead City of Korad*. The poems in the book tell the story of an astronaut who arrives on Mars in quest of Dejah Thoris, a princess of Mars. He has to defeat the vampires that reign over the city before he can reach the chamber of the tower where Dejah Thoris dwells. The names of the princess and the city are taken from Edgar Rice Burrough's *A Princess of Mars*. The descriptions of places and alien environments can only compare to Bradbury's best. Not only does the astronaut-protagonist bear the spirit of Faust: he *is* a new Faust. Hurtado, in a way, advances in his prologue what his character is going to be like by describing what Goethe would have written if faced with the task of creating a sequel to his *Faust* in 1964. Hurtado writes:

> In this book is present the shadow of Goethe, a shadow that extends throughout the horizontal vastness of the landscape as well as throughout the vertical vision of Faust that announces the coming era of space travel. Goethe would have dealt with this science if he had written his third *Faust* today. Following the pattern of the original book, we would see Mephistopheles, ready to do evil in other worlds, taking Faust in a space capsule to remote planets. The doctor would win the hearts of Martian princesses or pesant girls while his friend would gather

souls to take back to an Earthly hell. Or a Martian hell
perhaps?[8]

Like Faust in search of eternal youth, the astronaut is in search of everlasting life; in *The Dead City of Korad*, Dejah Thoris is a way of fulfilling this quest, by means of their copulation:

..... my fair voice
looks for you in that tower
where my echo names you, Dejah Thoris.
Siren of twilights and nights,
I want to engender in your beauty
the fruit I have so long withheld.[9]

From the moment the astronaut arrives in the city, he notices the many signs of devastation. Only the princess seems to be alive. The other creatures, the vampires, are dead-beings thriving on whatever human blood they can find in this decayed and empty city. The first description in the poem sets the gloomy mood:

The dead city reflects the coldness of my skin.
Its door, painted in a bile green,
is an unburied corpse in a ferocious land of smiles.
I move among the strong winds of Mars
toward the dead city of Korad.
The air's emptiness does not answer to my soliloquy.
Taste of sawdust, and swollen tongue.
I cross the abysmal streets
with my mouth dry
and my profession, as a large trce, useless.[10]

The city is, as the previous lines indicate, a dead city. Hurtado uses a good number of terms that create in the reader's mind a sense of devastation: the *coldness* of the astronaut's skin, the doors painted in a *«bile» green*. the *emptiness* of the aire, the *taste of sawdust* and his *swollen tongue*, his *dry mouth*, and finally that somber reference to his *useless profession as a large tree*. The function of a large tree is to offer protection from the sun, but in the city of Korad there is no sun to screen.

Along with the expression of his desire to copulate with Dejah Thoris, the astronaut wishes for a more humane environment, one that is favorable to the encounter with the princess. This, of course, would be a dream world, and not the one he must overcome.

> I want to engender in your beauty
> the fruit I have so long withheld
> and in the warm midnight of summer
> I would like to melt the coldness that devours you.
> I move toward you, entangling my fingers with your hair.
> My hand gently stops in your silky hair;
> for your hair is smoother than water.
> I abandon myself and fall asleep.[11]

But the astronaut sets himself to work. First, he must fight against the vampires and defeat their king. Then he has to find the princess in the center of the tower. From this very initial poem we can find some hidden clues as to the real identity of the princess. Dejah Thoris is, symbolically, more than just a human being; reaching her, uniting with her, the poet-protagonist can achieve his goal of everlasting life. This symbolism will be duly clarified in the second poem. For the time being, Hurtado presents Dejah Thoris as a mythical creature, like the Greek Minotaur, ready to be conquered to give our Theseus-Astronaut the glory he has been longing for:

> Two moons, two eyes has the night of Mars.
> I will fight the vampires that begin to wake up;
> the methane vampires that have come from Jupiter.
> They rule over the dead city of Korad;
> soft city of shadows and cold hills
> where my princess lives her loneliness.
>
> My memory takes me to other planets
> while I travel through various Martian cities
> looking for the king of the vampires,
> looking for the night and for my princess
> who awaits in the center of a dome
> in the center of the tower
> that is in the center of the labyrinth.[12]

The second poem makes the symbolism we have been referring to more evident. For the first time the astronaut identifies himself as something more than just a space traveller. He says that he is a poet and that poetry is functional. The long passage that follows is a description of a woman, of Dejah Thoris. But at the same time this is a description of poetry because, by means of a subtle personification, Dejah Thoris has turned herself into poetry. That is why reaching her is such a pressing priority to the protagonist; the poet-astronaut's life depends on his finding Dejah Thoris and making her his.

> The Astronaut speaks:
> «In this hour of arduous accent
> I go to the last Martian city
> attacked by undead beasts
> that thrive on our blood.
> Dust of my suicidal steps.
> I will show my princess
> that poets are not useless.
>
> Lady of the Days and the Years,
> you walk over the dew creating the seasons.
> Each moment of the year reveals your touch,
> the soft caresses of your vibrations.
> You inhabit and interpret it clearly
> like an animal of unconrrupted instinct
> knows of its empire, of its charms,
> of its impenetrable habits.
> Your tongue said the phrase that illuminates,
> touching me with the word
> that unchains the avalanche and the fever.
> ....
> The pearly charm of your face
> invites me to fall in the threads
> of that transfigured web.
> I remain fixed in those eyes.
> I am the guest who refuses to take leave.[13]

Like a voluptuous woman with her charms, poetry extends a tempting web where the bewitched poet falls, never to depart. This personification of poetry walks on the dew, giving life to seasons and leaving her touch in all of creation.

The book is built upon two conceptional levels. First, there is the most simple level where the narration is carried out in a straightforward manner. Second, there is the symbolic or allegorical level where we can identify the princess with poetry, and realize that the poet-astronaut's search is one for beauty, the beauty of poetry. If he conquers poetry, above all, he will live forever, but he will also give life again to the dead city of Korad.[14] And of course, in a realistic context, giving life, like giving birth, is only accomplished by the copulation with the princess that he desires at the beginning of the poem. At the same time, as he faces the enemy, it becomes obvious that this is a struggle between life (poetry, the poet) and death (the surrounding city, the dead —or «undead»— vampires.) And this additional symbolism is exploited by Hurtado in other poems of the volume.

Now, we must deal again with Hurtado's reality to be able to understand some aspects of the book. Due to his illness, Hurtado could not be exposed to the sun. He would come out generally at night, when the Cuban tropical sun could not accelerate his naturally progressive decay. In the poem that follows, Hurtado refers to his illness openly. He also mentions the tower, and the tree of his first book (*La Seiba*), similar to the tree that appeared in the opening poem of this collection, somehow casting a symbolic shadow over the book —and over the life of its author:

I have a book that is my book;
a book that deals with a tree,
sign and tower of my landscape,
whose shadow protects from the sun.
Necessary shadow for my burned skin
because I am the cancerous man
who has a sailor's face,
who will never again enjoy daylight feasts
nor the beaches that lie along the sea.[15]

Unable to live in full daylight, the author is reminded of his ailment by the night. Since Hurtado can not separate —or *does not wish* to— his own self from the poetic *persona* projected by the protagonist, he presents the night in the book as a symbolic element of catastrophic consequences for the character: the vampires that dwell *in the darkness* rob the astronaut of his blood, his life, little by little. And following the narrative level of the volume, we find the space traveller, near the middle of the book, hospitalized on Earth after being defeated by Valencia the Mute, the king of the vampires:

An astronaut, the son of fishing parents,
recovers in a hospital on Earth
from the attack of a space vampire:
the strange and ferocious Valencia the Mute.
For the time being, The Mute is the winner.
He flaps his bat wings on Mars.
He has destroyed all Martian cities,
helped by the vampires from Jupiter
made of all those substances and gases
that engulf the methane planet.
They besiege a princess who hides
in a tower in the dead city of Korad.

The astronaut rests, and his mind fills
with the marine ghosts of his ancestors:
the men of the sea and their legends.[16]

If Hurtado's intention is to achieve some sort of life in the book, this desire would become more significant to the reader if the author, creating a contrast between life and death, would show the protagonist near death, or even dead. Thus, Hurtado not only shows the astronaut defeated by Valencia the Mute and badly injured in a hospital on Earth, but, in addition, he takes his main character into the Kingdom of Death. He reaches such a place in his continuous explorations of space; we see him discovering the ultimate planet, making the ultimate trip: death. And Hurtado adds, once more, some personal philosophical remarks reminiscent, this time, of Horace's *Carpe Diem*:

My friend, as strange as it may seem,
a dead man has the appetites of a living man
in that kingdom where no one ever wants to reside
(those who invoke death are nothing but liars);
in that kingdom where one eats nothing
and everything has to be imagined.
. . . .
In that unlikely kingdom
there is neither violence nor war
there is no love
or fresh water either.
Multitudes of multitudes

subject to the same law
write forever the word *future*.
A faint sun comes out and sets without splendor.
Men inseminate and women miscarry
. . . .
There is neither peace nor grandeur in death.
The builders of the pyramids
have not become gods.
Their coffins weigh as much
as those of beggars.
Enjoy the present day, you, mortal man,
until the eternal night
of wailing.[17]

But the astronaut abandons the Kingdom of Death, returns to the city of Korad, and, as in fairy tales, rescues the princess who is also about to die after the constant harassment she has been subjected to by the vampires. The astronaut, the poet and Hurtado, have now accomplished their goal; by saving the princess, by saving *poetry*, they themselves have been saved forever. Hurtado gives a Cuban note to the text when he shows the princess in this distant planet being revived by some sugar cane juice that the astronaut carries in his canteen:

With my canteen filled with *guarapo*
I revived Dejah Thoris.
The lips of my princess
were as sweet as the juice
of the sugar cane she sipped.

Before departing with her toward Cuba,
my beautiful island bathed by whispering waves
where I will live happily
forever and ever with my princess,
I climbed the tower and on its walls
I wrote with my three-bladed
four-dimensional knife:
I WAS HERE.[18]

Poetry, as Hurtado points out, is the genre of all possibilites. The unexpected happens at the end. The shadow of Goethe that has been presiding over Hurtado's literary creation, materializes, and it is he,

Goethe himself, who concludes the book, signing his name. In this final «scene» the astronaut takes one last look at Korad; then the shadow comes to life:

> I looked upon Korad and its tower for the last time.
> I saw a black figure
> lean out the window, a figure of the past:
> the prince of the abolished tower.
> The old herald of gesture and writing
> writes on the wall of the chamber
> a mephistophelic phrase taken from the *Third Faust*
> that could be nailed
> to the mast of any ship
> like the doubloon of Captain Ahab:
> «The whole offers no secrets to you,
> but there are great hidden secrets in the parts.»
> signed
> Johann Wolfgang Goethe[19]

In fact, the astronaut has pondered the universe, its kingdoms and planets. The whole presents no secrets to him. But the secrets of those details that make life are the ones yet to be discovered. These are the secrets of man, the reasons behind human nature and behavior. The astronaut can conquer other worlds, but he is unable to decipher the meaning of his existence, of his life or his death. Perhaps the most revealing lines pointing out to man's limitation and imperfection can be found in the book's second poem, where Hurtado writes:

> If the astronaut thinks, he will destroy himself.
> For the time being it is nothingness who rules
> the greenish phantoms of man's dreams.[20]

Oscar Hurtado's work is an important contribution to contemporary Latin American letters. The book is an evaluation of the human condition and its passions. The volume deals, in fact, with the conquest of new worlds and the discovery of new realities; but, moreso, it shows the efforts of a man to surpass the limitations imposed upon him by his environment and his earthly existence, which must end irrevocably in death. This is Hurtado's *book of life*. His astronaut and Dejah Thoris will live in Cuba under the sunny sky in broad daylight, forever protected, like Faust by Goethe, by the shadow of their creator.

NOTES

1. There were some important publishing organizations at the time, «Casa de las Américas,» «Editora Nacional,» and others.

2. Other books appearing that year were by Guillermo Cabrera Infante (*Así en la paz como en la guerra*, short stories), Julio Matas (*La crónica y el suceso*, a play), Antón Arrufat (*Repaso final*, poems), and others.

3. Although there was a group of young writers, friends and followers of Oscar Hurtado, who read and wrote science fiction literature, Hurtado was the only writer in Cuba who tried to blend poetry and science fiction.

4. In addition to *The Dead City of Korad* (*La Ciudad Muerta de Korad* [La Habana: Ediciones Revolución, 1964]), Hurtado had published *La Seiba* (La Habana: Ediciones Revolución, 1961), a long poetic text, and many articles in Cuban periodicals. In 1969 he made the selection and wrote the prologue for a collection of science fiction stories by several authors — *Cuentos de ciencia ficción* (La Habana: Instituto del Libro, 1969).

5. Oscar Hurtado, *La Seiba*, back cover flap. We have supplied our own English translations of all texts quoted. The original Spanish has been included in the notes that follow.

> El hábito de la escritura es un impulso
> tan supremo en él que supone, no sin cierta
> candidez, poder vencer la muerte con un libro.

6. ... la poesía es precisamente aquello integrado por todo y todas las cosas, entre las cuales se incluyen también la teoría de la relatividad, la astronáutica y el ajedrez; estima que el tamaño de la poesía es el del hombre...

(Hurtado, *La Ciudad Muerta de Korad,* p. 17)

7. La ciencia ficción sería, por lo tanto,
la literatura de la posibilidad, es decir,
la poesía misma. (p. 19)

8. Por eso en este libro se halla presente la mirada de Goethe, que abarca la vastedad horizontal del paisaje tanto como su vertical fáustica que preludia la Astronáutica. De esta última ciencia hubiera tratado Goethe en su tercer Fausto de haberlo escrito hoy. Siguiendo el molde original, veríamos a Mefistófeles, dispuesto a sembrar cizaña en otros mundos, llevar a Fausto dentro de un cohete a los planetas lejanos. El doctor conquistaría princesas o campesinas marcianas mientras su aprovechado compinche cosecharía almas para el infierno terrestre. ¿O tal vez para el marciano? (P. 12)

9 . ..... mi voz justa
te busca en esa torre
donde mi eco te nombra, Dejah Thoris.
Sirena de crepúsculos y de noches,
yo quiero engendrar en tu belleza
el fruto largo tiempo retenido;
(p. 31)

10 . La ciudad muerta refleja el frío de mi piel.
Su puerta, de verde bilis pintada,
es cadáver insepulto en tierra feroz de sonrisas.
Voy entre los grandes vientos de Marte
hacia la ciudad muerta de Korad.
La soledad del aire no responde a mi soliloquio.
Sabor de serrín y lengua hinchada.
Paso por el abismo de sus calles
con mi boca seca y mi inútil oficio de árbol grande.
(p. 31)

11 . yo quiero engendrar en tu belleza
el fruto largo tiempo retenido;
y en la tibia medianoche de un estío
derretir el frío que siempre te devora.
Voy hacia ti, trenzando mis dedos en tu cabellera.
La mano se detiene suave en su seda;
pues más suave que el agua es tu cabello.
Me duerno y me abandono.
(pp. 31-32)

12 . Dos lunas, dos ojos tiene la noche de Marte.
Voy a luchar contra los vampiros que despiertan;
los vampiros de metano llegados de Júpiter.
Señorean la ciudad muerta de Korad;
ciudad suave de sombras y de frías colinas,
donde mi princesa refugia su soledad.

Mi memoria me lleva a los planetas
mientras recorro ciudades marcianas
al encuentro del rey de los vampiros
al encuentro de la noche y mi princesa
que aguarda en el centro de la cúpula

que se levanta en el centro de la torre
que está en el centro del laberinto.
(p. 32)

13. Habla el Cosmonauta:
«En esta hora de grave acento
voy hacia la última ciudad marciana
atacada por bestia no-muerta
que vive de nuestra sangre.
Polvo de mis pisadas suicidas.
Voy a demostrarle a mi princesa
que los poetas no somos inútiles.

Señora de los días y de los años,
caminas sobre el rocío fijando las estaciones.
Cada momento del año tiene tu estilo,
tu vibración de suave caricia.
Lo habitas y claramente lo interpretas
como el animal de instinto menos corrompido
sabe de su imperio, de su hechizo,
de su constumbre impenetrable.
Tu lengua dijo la frase que ilumina
tocándome con la palabra
que provoca el alud y la fiebre.
. . . .
El hechizo perlado de tu rostro
me invita a caer entre los hilos
de esa red transfigurada.
Quedo fijado en esos ojos.
Soy el huésped que no quiere despedirse.
(pp. 38-39)

14. In this symbolical level we can also see the vampires as enemies of the poet-astronaut because they suck his blood, that is to say, the sustenance —the life— of poetry.

15. Yo tengo un libro que es mi libro;
un libro que trata de un árbol
señal y torre de mi paisaje,
cuya sombra del Sol ampara.
Sombra necesaria a mi piel quemada,

porque soy el canceroso de rostro de marino
que no disfrutará más de las fiestas del día,
ni de las playas del mar.

(pp. 85-86)

16. Un consmonauta, hijo de pescadores,
convalece en un hospital de la Tierra
del ataque de un vampiro del espacio,
el extraño y feroz Valencia el Mudo.
Por ahora el Mudo es vencedor.
Bate sus alas de murciénlago en Marte.
Ha destruido todas las ciudades marcianas
ayudado por los vampiros de Júpiter,
formados con los gases y sustancias
que envuelven al planeta de metano.
Asedian a una princesa que se refugia
en una torre de la ciudad muerta de Korad.

El cosmonauta reposa, y a su mente acuden
los marinos fantasmas de sus antepasados:
los hombres del mar y sus leyendas.

(p. 95)

17. Amigo, por extraño que parezca,
el muerto siente las mismas apetencias del vivo
en ese reino donde nadie desea estar
(mentirosos los que invocan a la Muerte);
en ese reino donde nada se como y todo se imagina.

En ese reino inverosímil
no hay violencia ni guerra
no hay tampoco amor
ni agua fresca
Multitud de multitudes
sometidas a la misma ley
escriben sin fin la palabra *futuro*.
Un sol opaco sale y se pone sin esplendor
Engendran los hombres y las mujeres abortan

No hay paz ni grandeza en la muerte
Los constructores de pirámides

no han llegado a ser dioses
Sus féretros pesan tanto
como el de los mendigos
Aprvecha tu día, mortal,
hasta la noche eterna
de las lamentaciones. (pp. 145-147)

18. Con mi cantimplora llena de guarapo
reanimé a Dejah Throis.
Tan dulce como el zumo
de la caña de azúcar que bebía
eran los labios de mi princesa.

Antes de partir con ella rumbo a Cuba,
mi bella Isla rodeada de rumorosas olas,
donde viviré feliz con mi princesa
por los siglos de los siglos,
subí a la torre, y en sus paredes,
con mi cuchillo espacial
de tres filos y cuatro dimensiones, grabé:
AQUI ESTUVE YO. (p. 166)

19. Contemplé Korad y su torre por última vez.
Por una ventana vi asomarse
una figura en negro, una figura del pasado:
el príncipe de la torre abolida.
Viejo heraldo de gesto y escritura,
escribe en la pared de la cámara
una frase mefistofélica del tercer Pausto
que puede clavarse
en el mástil de cualquier nave
como el doblón del capitán Ahab:
«No hay secreto para ti en el todo;
pero lo hay, y muy grande, en las partes.»
firmado
Johann Wolfgang Goethe

20. Si el cosmonauta piensa se destruye.
Por ahora la nada es la que ordena
los verdosos fantasmas de su sueño.
(p. 38)

Función estructural del bilingüismo en algunos textos contemporáneos (Cabrera Infante, Luis R. Sánchez)

JAIME GIORDANO

En las literaturas de los países política o culturalmente dependientes de otros más avanzados o más poderosos, resulta un fenómeno natural que el idioma de estos últimos adquiera un prestigio que no necesariamente deriva de su propia estructura.

El peligro de que el excesivo poder del inglés lo hiciera desplazar al español, fue sentido desde el momento mismo en que la presencia norteamericana se hizo evidente en la vida política y económica de Hispanoamérica. Rubén Darío advirtió la posiblidad de que «tantos millones de hombres hablaremos inglés». Lo que Andrés Bello había visto como un riesgo de desintegración del español debido a la separación, aislamiento y atomización de las repúblicas hispanoamericanas, Darío lo ve como un sucumbir ante la dominación cultural, económica y política de los Estados Unidos.

El fenómeno no se ha producido en la escala en que lo previera Darío. Incluso en las comunidades hispánicas en los Estados Unidos, se ha podido conservar, aunque dificultosamente, un español que todavía puede reconocerse como tal. En menor grado, pero no desdeñable, esa curiosa mezcla de bilingüismo o plurilingüismo de las altas burguesías hispanoamericanas no ha acabado con el español, ni tampoco lo ha conseguido la vasta influencia de las lenguas indígenas sobre las clases campesinas y bajas de algunos países de fuerte acervo cultural nativo. Los casos de interferencia entre ambos idiomas son naturales e inevitables, y ello ocupa la atención de los especialistas.

En la narrativa hispanoamericana contemporánea, se continúa una tradición, quizá muy propia de países coloniales, que consiste en una especial forma de admiración y hasta veneración del idioma de los países más avanzados culturalmente o más poderosos. El galicismo lingüístico y mental del modernismo es un fenómeno reconocido. El francés poseía (y posee, aún, para muchos) el aura evocativa de un mundo superior, más civilizado y prestigioso. El uso de términos y construcciones sintácticas propios del francés, prestó una dimensión nostálgica y elegante a cierta prosa y verso de esa época.

El caso del bilingüismo utilizado con intención literaria tiene buenos antecedentes en la literatura hispanoamericana, y no tenemos que ir muy lejos para encontrar una novela estructurada sobre la base de la superposición de dos planos lingüísticos: el del español y el del quechua, como ocurre en *Los ríos profundos*, de José María Arguedas. En esta novela no se trata de una simple yuxtaposición de elementos de diferentes lenguas. Cada una de ellas representa un mundo distinto: el quechua es el mundo del padre, un mundo lleno de imaginación y sensibilidad, una atmósfera tierna y metafísica; el español representa un mundo agresivo, dominador, materialista. El quechua tiene la dimensión de un origen; el español, de un destino.

La utilización del inglés, en algunas novelas contemporáneas, suele obedecer, en los mejores casos, a una intención expresiva. Así lo es en Carlos Fuentes, cuando lo vincula a personajes de la alta burguesía, o en Manuel Puig, donde resulta una consecuencia del mundo de sus novelas, impregnada de la imaginación cinematográfico. Estos casos presentan un fenómeno diferente al de Arguedas. Entre el quechua y el español no hay un clima de competencia puesto que uno se ha subordinado calladamente al otro. Entre el francés y el español hay una relación semejante en cuanto se concede sin discusión la superioridad cultural de Francia a la que se trata de emular.

En cambio el inglés y el español enfrentan a dos culturas totalmente diferentes, y es obvio que los intelectuales hispanoamericanos, especialmente desde Rodó, se niegan a aceptar ninguna otra forma de superioridad de lo inglés sobre lo español que no sea la económica. El tema ha sido central en el ensayo hispanoamericano desde el modernismo hasta el presente.

Si queremos ver cómo se ha utilizado el inglés en la prosa narrativa de nuestros días, es natural que sea la del Caribe la que ofrezca resultados más nítidos e interesantes, dada su proximidad física y económica a los Estados Unidos. Lo más saliente de este análisis es la observación de, por lo menos, dos actitudes ante el idioma inglés y el mundo asociado a él: una es su presentación como esfera maravillosa e irreal, especialmente cuando se asocia a personajes de la alta burguesía; la otra introduce el sarcasmo, la desmitificación.

I. **Mitificación de lo asociado al inglés** *(Tres tristes tigres)*

El cine proporciona un número abundante de imágenes cuyo ámbito de referencia es lo extraordinario. «Arcadia, la gloria, la panacea de todos los dolores de la adolescencia: el cine» (Guillermo Cabrera Infante, *Tres tristes tigres*. Barcelona: Seix Barral, 1967, p. 38).

Es interesante notar el contexto sociológico en que esta preferencia se enmarca: en la mayor parte de la ciudades hispanoamericanas, especialmente de provincias, el único vehículo cultural que llega, por decirlo así, inmaculado, inmodificado ante el espectador artístico es el cine (por deficientes que muchas veces sea la cinta o la proyección). El cine es presencia inmediata. En la literatura hay la mediatez sospechosa de la palabra generalmente traducida o simplemente inalcanzable debido a la distintas formas o grados de iliteraridad. Otras artes llegan en formas espúreas, vicarias (como la reproducción en pintura). El cine nos presenta directamente una imagen que no parece engañarnos; su poder de convicción es absorbente, instantáneo. No podemos dudar de este 'estar ahí' de las imágenes, y de la aparente falta de distorsión de su aspecto referencial. Es más aún, el espectador absorto en las imágenes cree que las atraviesa directamente para llegar a la realidad de su referencia; en verdad, ni siquiera las ve como algo que refiere a otra cosa, no las ve como signo, sino factualidad, forma que es puro contenido.

Es de imaginar lo irónico que resulta el hecho de que la mayor parte de ese cine sea extranjero. El mundo maravilloso deja de ser una propiedad local o nacional, y se impregna de elementos, lugares, personajes extraños. Peor: de un lenguaje extranjero. Una lengua desconocida cuya traducción es preciso leer en los títulos en la parte inferior de la imagen; gestos, actitudes, movimientos que no son los de las personas que nos rodean cotidianamente. Ideales de belleza ausentes del país, propios de otras razas. Los modelos mitificados del cine se presentan en descarado contraste con el mundo diario, y de un modo que no parece lacerante, que se acepta como indiscutible.

Naturalmente que esto tiene más fuerza para las clases media y alta (la que puede leer los subtítulos). La clase obrera y campesina de un país latinoamericano típico tiene más acceso al cine en español que generalmente se adapta a su nivel de educación pues cuenta con ella como su principal mercado. Cuando tienen la posibilidad de ver televisión, el producto está convenientemente doblado (sólo que este es un fenómeno más bien reciente). Cuando nos referimos a la mitificación del cine, pensamos especialmente en las clases medias y altas que es donde se constituye, de todos modos, el grueso del mercado literario contemporáneo. Los acontecimientos narrados en *Tres tristes tigres* ocurren por los años cincuenta, de modo que el principal fabricante de mitos es todavía Hollywood a través de toda su red de influencia que alcanza a la música popular y las revistas.

La estructura de la comparación, en muchos de los narradores-personajes, transparenta esta polaridad entre la dimensión prestigiosa del mito y la dimensión mediocre, devaluada, del ámbito diario del espectador:

(a) Fred Astaire — «la respuesta cubana»:

Arsenio, sujeto de la narración, siente que el taco de su zapato izquierdo se ha soltado: «tuve que asegurarlo taconeando como un vesánico en la acera. No conseguí apretar el tacón, pero sí que una vieja que paseaba un perro se parara a verme desde la acera de enfrente. 'Soy la respuesta cubana a Fred Astaire', le grité». . . (op. cit., p. 53). Esta frase es cómica por el contraste entre lo que se supone que es y hace Fred Astaire, y lo que está haciendo el personaje: afirmar su taco. Pero tal como se da en el choteo (uso este término tal como lo describe Jorge Mañach en *Indagación del choteo*), un elemento es superior, el que habría que tomar en serio, y el otro es inferior, el que crea el contraste que causa comicidad por su índole burda o su cercanía respecto de nuestra experiencia. La «respuesta cubana», en este ejemplo, resulta ser una traducción cómica, degradada del mito Fred Astaire.

(b) Groucho Marx — negro:

En otra comparación puesta en boca del mismo Arsenio, un magnate, «líder político» a quien el personaje va a pedir ayuda, es comparado con Groucho Marx. A primera vista, fuera de contexto, puesto que se trata de un actor cómico y el personaja comparado es un líder político, es posible pensar, de acuerdo a los cánones tradicionales, que Groucho Marx será el nivel devaluado de la comparación, y el líder político, lo que se trata de rebajar o poner bajo una luz ridiculizadora. La frase, en cambio, está formulada del siguiente modo: «Se parecía a Groucho Marx, pero se veía bien qué tenía de negro» (p. 56). Es decir, Groucho Marx, en este sintagma, está en el miembro inicial positivo del cual se va a postular adversativamente («pero»), como un 'menos', que, a pesar de parecerse al actor, «se veía bien qué tenía de negro». Esta referencia puede ser una antipática alusión racial de parte de Arsenio o una referencia a un elemento típicamente local que disminuye el valor del primer miembro: «Marx» menos lo «negro». Como en el caso anterior, «la respuesta cubana», aquí lo «negro», representaría el ámbito devaluado donde el protagonista vive, opuesto al mundo superior del mito.

(c) Elvis Presley — traducido al español:

Arsenio cree oír «una voz humana por entre las guitarras eléctricas, los saxofones en celo y los aullidos de algún Elvis Presley traducido al español» (p. 56). Nuevamente un elemento propio del espacio mítico acrecienta la devaluación del mundo local, esta vez el idioma español. «Elvis Presley» menos el «español».

(d) Marilyn Monroe — una rubita chiquitica:

Esta vez el miembro positivo de la comparación es Marilyn Monroe, y el nivel devaluado es la presencia que Kódak (el narrador-personaje de este capítulo) tiene ante su vista: «una rubia chiquitica, preciosa». El miembro sustraendo es: «si a Marilyn Monroe la hubieran cogido los indios jíbaros [sic] y hubieran perdido su tiempo poniéndole chiquitica no la cabeza sino el cuerpo y todo lo demás». . . (p. 62). Una reducción de tamaño, y un agente latinoamericano de esa reducción: «los indios jíbaros».

(e) Charles Boyer — yo:

. . .«las manchas amarillas del hipo que yo muy charlesboyerescamente hacía pasar por manchas de nicotina» (p. 63). La presencia seductora, elegante de este galán (francés, pero advenedizo al espacio mitificado del cine hollywoodense) se emplea aquí para referirse al acto ominoso de disimular manchas de hipo como si fueran de nicotina: lo (relativamente) elegante y caballeresco, encubre una realidad vulgar y desagradable. Charles Boyer aparece como un artista del disimulo caballeresco. Pero este disimulo es aquí encubrir manchas asquerosas por manchas aceptables.

(f) Gene Kelly, Cyd Charisse — homosexuales:

Una explicación chistosa de por qué SIlvestre insiste en ir a un lugar de homosexuales es de que «se aburre de que Gene Kelly baile siempre con Cyd Charisse» (p. 110), implicando que ver homosexuales bailando entre ellos es una variación de la rutina heterosexual. Sin embargo, el baile heterosexual está representado a un nivel que se supone alto: Gene Kelly — Cyd Charisse, que coactúan en varias películas hollywoodenses. El ambiente homosexual está denigrado («las locas») e ironizado (el personaje se resiste a ir porque no quiere ser «*tan* civilizado»). En consecuencia, en el contexto implica un desvalor frente al cual se opone la imagen de los actores a nivel de ídolos.

(g) Andy Hardy y Esther WIlliams — un cubano típico:

«He visto demasiadas películas de la Metro para no haber cometido el error de no querer ser un cubano típico en ese momento, sino Andy Hardy que encuentra a Esther Williams» (p. 149). Este curioso «error» implica la aceptación de un modelo: no un cubano típico, sino las figuras hipostasiadas de los ídolos hollywoodenses. El comportarse a la manera de estos ídolos supone un 'más', algo que se agrega al valor primero: «una sonrisa de hombre que se sabe un caballero o viceversa». El elemento adicional es la caballerosidad; lo cubano hubiera sido una reacción más espontánea que, en este caso, hubiera implicado no aceptar las exigencias de las mujeres. Esto se subraya con otro símil humorístico: «un David Niven del trópico», donde el esquema está claro.

Los ejemplos arriba citados demustran que el mundo del cine se impone ante los personajes como un mundo de mayor valor. Frente a este, el espacio donde los personajes viven es un espacio degradado. Nos hallamos pues ante una manifestación de esa saturación de escepticismo irónico y percepción de la insuficiencia del mundo en que se mora, que define el tono de la novela.

La consecuencia más importante de esta glorificación del cine es el prestigio que, por asociación, adquiere el inglés como la lengua de los ídolos. El inglés lleva en la novela un aura de nobleza. Desde luego, hay varias razones para esta plus valía del inglés; en los casos que examinamos, es evidente que la magia del cine hablado en inglés dota a este idioma de una nueva característica: es la lengua del espacio maravilloso.

La importación de la tecnología, el dominio norteamericano de la producción y el comercio, la aparición de otros medios de comunicación llegados 'desde allá', complicarán posteriormente este fenómeno.

La forma en que el español resulta de menor jerarquía que el inglés, está clara en ejemplos como los siguientes: Kódak es un seudónimo, y el personaje describe el momento de recibirlo como un acto de encubrir «mi nombre prosaico, habanero con la poesía universal y gráfica» (p. 221). Otro personaje afirma burlescamente que «José Pérez es mi nombre, pero mis amigos me dicen Vincent» (p. 95); en este caso, se trata de un intencionado sarcasmo, puesto que esto lo dice a unos amigos que están constantemente hablándose en inglés. La utilización de esta conciencia de desnivel jerárquico se hace aquí, en consecuencia, desde una perspectiva crítica del personaje y no sólo del narrador básico de la obra.

Esta devaluación del mundo local e inmediato está también bastante clara en las reflexiones de Cué sobre la música de Bach (que después resulta ser Vivaldi) que escuchan los personajes mientras viajan en auto. Bach parece hacerse cubano: «haciéndose cubano por este Malecón». Pero el sintagma siguiente se estructura según el esquema positivo-negativo, donde el segundo miembro sustrae valor al primero: «y que sigue siendo Bach sin ser Bach precisamente» (p. 295). De ese 'menos', el espacio del Malecón tiene la 'culpa'. Comparado (por el personaje) con Offenbach, de todos modos resulta Bach más adecuado «porque está here, hier, ici, aquí en esta tristeza habanera y no en una alegría parisién» (p. 296). Bach de todos modos está aquí, aunque no haya sido Bach precisamente. Lo interesante de estas reflexiones es ese doble significado del 'menos' (aportado por el espacio habanero) y la tristeza de la música que, entones, sí puede hermanarse con estos espacios. Hay aquí, pues, una saturación de desvalorización y tristeza. Bach, en «un auto a sesenta y cinco kilómetros por hora» sentiría probablemente pavor (se pregunta Cué); pero qué lo empavorecería más: ¿la velocidad o el espacio? «¿El tempo a que viaja sonando el bajo continuo? ¿O el espacio, la distancia hasta donde llegaron sus ondas sonoras organizadas?» ¿La velocidad o La Habana? La respuesta de Cué nos dibuja un espacio extranjero, maravilloso, donde sí esta hermosa música tendría su marco natural: «en Weimar, en el siglo XVII, en un plaacio alemán, en la sala de música, barroca, a la luz de candelabros» . . . (p. 294)...

...pero el hecho de que el locutor, al terminar la pieza, diga que se trataba de un concierto grosso de Vivaldi, pone en ridículo tales elucubraciones, ironiza esta visión de un espacio mítico que presenta esa combinación de esencia e inexistencia que caracteriza a los mundos de la 'irrealidad'. El elemento negativizante ha terminado por destruir el espacio mítico y los pedazos son la realidad carente de ese valor.

Nos encontramos frente a otra actitud complementaria: el rechazo del nivel mítico y la aceptación del valor inferior de lo local como 'superior', por el sólo hecho de ser verdadero, auténtico. Se produce la conciencia de que el nivel mítico combina esencia e inexistencia, de que es un nivel irreal. En reacción, lo local, aunque pobre, feo, etc., es verdadero, algo en lo que el personaje puede reconocerse.

Este cambio de actitud no altera el esquema mundo mítico — mundo local (positivo — negativo), sino que traslada la preferencia a lo que se reconoce como negativo, degradado, pero que también se identifica como nuestro, como propio y verdadero. Y esto puede arrastrar al personaje a una exaltación entre patriótica y masoquista.

> Comenzó a cantar una canción desconocida, nueva, que salía de su pecho, de sus dos enormes tetas, de su barriga de barril, de aquel cuerpo monstruoso, y apenas me dejó acordarme del cuento de la ballena que cantó en la ópera, porque ponía algo más que el falso, azucarado, sentimental, fingido sentimiento en la canción, nada de la bobería amelcochada, del sentimiento comercialmente fabricado del feeling, sino verdadero sentimiento y su voz salía suave, pastosa, líquida, con aceite ahora, una voz coloidal que fluía de todo su cuerpo como el plasma de su voz y de pronto me estremecí. Hace tiempo que no me conmovía así y comencé a sonreírme en alta voz, porque acababa de reconocer la canción, a reírme, a soltar carcajadas porque era Noche de ronda . . . . (p. 67).

El cuerpo de la cantante, descrito en términos que subrayan su fealdad y su aspecto grotesco, emite, sin embargo, una canción que estremece por su «verdadero sentimiento». La ballena de Disney, que cantó en la ópera, se vislumbra apenas en el marco de referencia del personaje espectador. El reconocimiento de la canción como «Noche de ronda» provoca una risa vindicativa como si el aparecer allí y en esa forma ridícula fuera una cruenta condena del bolero de Agustín Lara. Que lo bueno pueda ser algo tan vulgar como esa canción resulta cómico, pero de todos modos el elemento verdad que tiene la versión que canta Estrella borra su falta de 'categoría'. La canción vuelve a nacer.

El «verdadero sentimiento» (mundo local) se opone al «sentimiento comercialmente fabricado del feeling» (mundo hollywoodense). Ahora este mundo se desmitifica. En un ataque de patriotismo del personaje al admirar a una bailarina («toda Africa», «toda la vida») y después a Estrella, lo local («la familia», como dice el cajero, p. 68) surge dotado de un valor embriagador y desafiante, aunque, por otro lado, espiritualmente suicida. Lo que parece interesante para nuestro propósito es el que aquí se haya establecido una diferencia entre la misma palabra, pero dicha en idiomas diferentes. Hay como un reconocimiento de que el «feeling» puede ser más formalmente perfecto, pues es fabricado (falso) comercialmente (en masa). El «sentimiento», en cambio, es imperfecto (la cantante es grotesca, su canción es vulgar), pero auténtico.

De aquí que lo local pueda recibir un aliento de exaltación cuando: (1) El espacio mítico del cine y la música comerical norteamericana se ha desmitificado, y (2) Se valoriza en cuanto familiar, cuando abarca todo el espacio de la experiencia como lo único verdadero, lo único dulce, lo que nace del «corazón»: «Canciones dulces, con sentimiento, del corazón a los labios»; «una canción vigorosa, llena de nostalgia poderosa y verdadera» (p. 68).

II. La «parodia de una parodia» *(Tres tigres tigres):*

La combinación simple de estos planos, uno provisto de valor (inglés), otro devaluado (español), puede invertirse; pero en este caso se necesita de la desmitificación del primer plano, y de la aceptación heroica (¿suicida?) del segundo.

La otra posibilidad es la exacerbación de esta relación biplanar llevándola hasta el absurdo o el apocalipsis.

(a) «Parodia de una parodia» (p. 95):

Explicando Eribó su afirmación: «José Pérez es mi nombre, pero mis amigos me dicen Vincent», afirma que «era una broma, que era la parodia de una parodia, que era un diálogo de Vincent van Douglas en Sed de Vivir». Los planos se multiplican: el valor parece ahora residir en el pintor: Vincent van Gogh, cuyo nombre es parodiado cuando se reemplaza su apellido por el del actor que desempeña su papel en la película «Sed de vivir». Y bajo este plano del actor hay incluso un tercero: el de Eribó, el personaje de la novela, que ha imitado un diálogo de la película. Por lo tanto, se trata de una «parodia de una parodia». Pero para que lo sea de verdad, tiene que haber un valor que lo fundamente (el choteo sólo puede darse ante algo aceptado como valioso, y este énfasis lo convierte en una parodia muy peculiarmente cubana). Los planos (pintor, actor, personaje) van sucesivamente devaluándose; el más humilde sería el nombre supuesto que el personaje ha dicho ser el suyo: «José Pérez», es decir, el plano de lo hispano. Al nivel de los nombres propios, la serie es: Van Gogh, Douglas, Vincent, José Pérez.

En líneas subsiguientes, Van Gogh se convierte en «Fangó», y ahora es «Kirk» quien lleva ese apellido. Pero para que los niveles se conviertan, no se considera al actor merecedor del apellido «Van Gogh», sino sólo de su forma hispanizada (o afrocubanizada): «Fangó», que así puede ejercer la función devaluadora. Lo más cercano a lo local (los apellidos hispanos) cumplen este sustracción axiológica.

Del mismo modo, Anthony Quinn es llamado Anthony Gauguinn, superponiendo a su apellido el del pintor que representa en la película. 'Gaugin' está suficientemente alterado como para determinar una degradación cómica, paródica de su nombre.

(b) «Franglés» (p. 94):

Cué «hablaba su francés y su inglés»... Cué y su novia «parecían muy preocupados en demostrar que podían hablar franglés y besarse al mismo tiempo». El tema de la Babel aparece ya motivado en esta escena. Cué besa a su novia y la caricatura se va desarrollando mientras hunde en el ridículo a los personajes: «*Oh dear* — dijo Cué y se olvidó de nosotros para hundirse en aquellos cúbitos, en aquellos radios, en aquellas clavículas bilingües». Uno de los personajes reacciona frente a este esnobismo: «quieren convertir al español en una lengua muerta» (p. 96), y responde: «Al pipi-room, cherís», cuando Cué le pregunta: «*Yes where?*

(c) . . .«una Babel estable y sensata y posible» (p. 221):

La desmitificación, además de parodia de parodia o de caricatura, puede llegar a un nivel de cosmización desatada, a un plano extremo de absurdo. El tema de la Babel, que satura la última mitad de la obra, se explicita en una especie de apocalipsis linguístico. Es Kódak quien narra la siguiente teoría de Bustrofedón:

> . . .y su teoría de que al revés de lo que pasó en la Edad Media, que de un solo idioma, como el latín o el germano o el eslavo salieron siete idiomas diferentes cada vez, en el futuro estos veintiún idiomas . . . se convertirían en uno solo, imitando o aglutinándose o guiados por el inglés, y el hombre hablaría, por lo menos en esta parte del mundo, una enorme lingua franca, una Babel estable y sensata y posible. . .

La formación de un idioma único se produciría por la imitación, la aglutinación o, cosa curiosa, bajo la guía del inglés. En el fondo, es una mezcla de los idiomas cuyas palabras se entrelazan, entrecruzan, interfieren, como una gran baraja lingüística. El inglés, en cuanto guía, pudiera ser el único hilo de Ariadna que permita que la Babel sea «estable y sensata y posible». Esta Babel podría estar situada, si no en todas partes, «por lo menos en esta parte del mundo». Es decir, en La Habana — Cuba — el Caribe — Hispanoamérica — Latinoamérica, que es el mundo devaluado natural de la novela, el ámbito del choteo, la parodia y la disminución axiológica.

III. Bilingüismo y burguesía *(La guaracha del Macho Camacho):*

Para Graciela Alcántara y López, personaje de *La guaracha del Macho Camacho*, el inglés es lengua mítica, irreal, donde se esconde lo maravilloso, lo superior, lo absoluto. Su análisis, y el de Benny, nos conducirán a sintetizar algunos de los contenidos fundamentales de la obra.

(a) La nomenclatura comercial parece predominar en el mundo de Graciela. Tiendas como «Sears», «Penny's» encierran un tesoro de objetos mágicos. La moda preconizada por ellas se convierte en ley: «la ostentación de la no ostentación: 'the very casual look'». Los nombres extranjeros adquieren un prestigio irreal: «Givenchy, Halston y Balmain para evitar decir Martín, Carlota Alfaro y Mojena» (p. 41).

(b) Los perfumes son uno de los pocos productos comerciales donde todavía se parapeta la superioridad del francés (pp. 228-9). Las formalidades de la sociedad burguesa se dan combinadas con expresiones en inglés. Una capa superficial, cosmética, encubre hipócritamente el verdadero ser de las personas. Puede ocurrir que esta cáscara se resquebraje. «Foot note sin el foot: La recepcionista funge de enfermera si la cosa se pone caliente cuando uno de los clientes o uno de los pacientes se resiste a la comedia de manners y morals, del please to me, del besamanos, del guille de all is quiet on the western front, de Jane Fonda en Klute: coolness y análisis». Las virtudes vinculadas al inglés tienen que ver con dos elementos básicos definidos como «casual look» y «coolness», valores que deberían resultar naturalmente incompatibles con los que se esperan de una alta burguesía hispana.

(c) El psiquiatra es un elemento imprescindible en la descripción completa de una mujer de alta burguesía. El narrador explícitamente vincula la marca de refrescos «Pepsicola» con la noción de «ingenio colonizado», y esta bedida se convierte en símbolo de la profesión psicoanalítica. El psiquiatra, Don Severo Severino, afortunadamente tiene sentido del humor. Su solución a veces parece muy adecuada a la visión del mundo de la lengua inglesa que se advierte en la obra: «Mándela a Disneylandia... El encuentro con el Perro Pluto puede que le devuela las ganas de vivir» (p. 47). Cuando se dice que el doctor volverá a llamar a la persona que está formulándole una solicitud que no se describe, se dice que «llamará para atrás», un anglicismo bastante apropiado a la circunstancia.

(d) Es natural que todo esto vaya unido, en Graciela, a un

desprecio de Puerto Rico, el cual se complementa con un desprecio de clase. «Ciérrate vaniti de señora señorísima fastidiada por los dejes insidiosos e esa música guarachosa que a ella le parece un voto de confianza a la chabacanería desclasada que atraviesa como un rayo que no cesa la isla de Puerto Rico, aposento tropical de lo ordinario, trampolín de lo procaz, paraíso cerrado del relajo» (pp. 48-9). «Ordinario», «procaz», «relajo» tienen aquí una acepción negativa y se atribuyen ambiguamente al país, a la raza, a una clase baja que pareciera ser definitoria de Puerto Rico en bloque. Graciela ha heredado esta visión de lo puertorriqueño de su madre, quien habla de «la estrepitosa vulgaridad insular». Frente a esto, todo lo extranjero, pero especialmente lo norteamericano, se alza como modelo irreal de algo mejor. Podría decirse que hay aquí una tendencia natural a todos los países: considerar que lo mejor está en otros sitios; pero lo que hay aquí es una variación muy específica: la valoración de lo extraño o lejano está asociada a una actitud de clase, y a una preferencia por lo que manifiesta superior poder económico y político: el inglés. Cuando el esposo de Graciela defiende al pueblo puertorriqueño es porque de él depende su puesto en el Senado. «En dramático olor de procerato le recuerda que ese pueblo orillero, repulsivo, populachero, le dio el pupitre en el Senado» (p. 226).

(e) El medio natural e inmediato de proyección de esta superioridad sobre la burguesía puertorriqueña, es la prensa, especialmente revistas semanales como el «Time». Después de informársenos que Graciela ha leído tres veces «Love Story» (p. 109), la vemos ojeando «el último Time». El «horror y asco» con que sus ojos se apartan de «unas instantáneas del Vietnam napalmizado», contrasta con su fascinación ante la «embrujante fotografía de la casa de Liz y Richard en Puerto Vallarta» (p. 110). Muy apropiadamente, se nos dice que esta casa era, en verdad, «un caserón nostálgico de los tiempos de Don Porfirio» . . .

Su mirada vuelve a pasearse por otras noticias que no están en armonía con lo que representa el inglés para ella. A las noticias horribles sobre Vietnam, se agregan las sobre Nixon y Allende: «People have got to know whether or not their Presidente is a crook» (p. 161); «Allende or death in cold blood». Graciela no tiene más remedio que volver a la embrujadora «fotografía de la casa de Liz y Richard en Puerto Vallarta». El esquema se ha repetido dos veces en diferentes momentos de la novela, y el péndulo termina por fijarse en aquel extremo en que el inglés se mantiene fiel a su condición de depositario de lo maravilloso e irreal.

(f) El mundo mítico de Graciela, en el sarcasmo vapuleante del narrador básico, se continúa en un párrafo entero dedicado a uno de los objetos de su admiración: «una princesita llamada Jacqueline que se casó con el Rey de la Isla del Escorpión», etc. (p. 162). Aparentemente, Graciela está mirando sucesivas fotografías donde lo superior irreal, la admiración por los más ricos, se combina con la excitación sexual: cinco oraciones introducidas anafóricamente por la frase «la Princesita Jacqueline», terminan en «La Princesita Jacqueline en traje de quitarse el Támpax, la Princesita Jacqueline en traje de llamar por teléfono a la Baroness Marie Helene Rothschild» (pp. 162-3). Naturalmente, la reacción de Graciela es de terrible envidia: «da saltos de mona en celo . . . . eso es vivir, eso es vivir, eso es vivir» (p. 163).

(g) Un fracaso tiene dimensión trágica para Graciela. El diseño que ella había propuesto para que se eligiera como «Traje Típico Puertorriqueño» es rechazado por unos jueces femeninos de nombre muy apropiado: «Mrs. Cuca White, Mrs. Pitusa Green, Mrs. Minga Brown, Mrs. Fela Florshein, cuarteto cimero de la delicadeza», etc. (p. 230). Esto será un desastre para ella.

(h) El mundo social en que Graciela se mueve está lleno de alusiones culturales europeas y norteamericanas, pero son las norteamericanas las que al final se imponen. Las alusiones a actrices europeas se mantienen en un marco de referencia norteamericano: la Garbo o la Bergman están adscritas al mundo hollywoodense más que a Suecia, y Duchamp se menciona en relación a un cuadro suyo en el Museo de Chicago (p. 231).

(i) El mundo de las aspiraciones se resume en «yo quiero volver a Garden Hills» y a «nunca ofrecemos un pool party», y la envidia que se sintiera frente a las fotografías de «la Princesita Jacqueline» se extiende a amigos que están de viaje: «Pat y Raymond están en Europa y tienen audiencia con el Papa, Lily y Ken están en Haití y tienen audiencia con Baby Doc» (p. 232). No es de extrañar, entonces, que nuestro pobre personaje padezca «el 'stress' de la vida moderna». El esposo, el Senador puertorriqueño, tiene razón cuando le dice: «Honey, I don't blame you. The whole damn thing is your nerves».

Por ello es que Graciela necesita del consuelo del doctor Severo Severino, a quien se define dotado de una combinación de modales como los de Rossano Brazzi, Raf Vallone, Omar Sharif (p. 233), peronsajes del mundo irreal y maravilloso del cine que coinciden en ser también mediterráneos, pero, ante sus ojos, en estar directamente asociados con Hollywood, como el Perro Pluto lo está con Disneylandia.

Otro personaje, Benny, constituye buen ejemplo de este bilingüismo donde la oposición inglés — español se estructura conforme a la polaridad positivo — negativo. Como hijo de una familia de la alta burguesía, no considera esto suficiente sino que necesita manifestar su superioridad vinculándose al mundo de la lengua inglesa:

(a) El mundo del cine impregna de irrealidad su mundo: 1. La mansión en que vive vale en cuanto se compara a una de Beverly Hills, asociada al ambiente de su vecina Hollywood, y, puesto que hay sirvientes negros, a la película «Lo que el viento se llevó» (p. 70). 2. Un buen amigo es comparado a un «gangster de Chicago», y claramente la referencia va al cine y no a la historia de esa ciudad (p. 70). 3. El mundo de la Mami de Benny es comparado con el de la película «Il jardino degli Finzi-Contini» (sic) (p. 71), y el símil no parece estar en contra del gusto de Benny, sobre todo cuando una de las preocupaciones fundamentales de la Mami es que su hijo sea fino: «Ser fino es una vocación que supone la disposición full time a ello, Benny» (p. 71).

(b) Pero son los productos de la industria y el ingenio norteamericanos los que más lo seducen. Aunque las marcas, además de Ford, Cougar, Rambler, Chevy, Comet, incluyen marcas japonesas (Toyota, Datsun), inglesas (Cortina) y francesas (Renault), es obvio que todas ellas pertenecen al mundo maravilloso e irreal de la civilización del Norte, que es de donde llegan a Puerto Rico. Son elementos esenciales de la alta burguesía, y, como piensa Benny, «ningún tineger puede pasarse sin la amistad de su carro».

(c) La sociabilidad está también marcada por nombres acostumbrados en Estados Unidos: «La idea la ideó Bonny, amigo íntimo de Benny. Convinieron los convenientes nada menos que Willy y Billy». Todos ellos pertenecen a un grupo extremista de derecha, y es clara la intención del narrador de asociar su lenguaje al inglés. Este mundo aparece, además, vinculado a lo pornográfico: la violencia la ejercen no sólo contra grupos universitarios de izquierda, sino, en forma de cruel broma, contra una prostituta. Si la madre lee el Time y otras revistas norteamericanas de modas, Benny colecciona portadas de «*Playboy*, de *Oui*, de *The penthouse*, de *Screw*», y es admirador de Sofía Loren, Raquel Welch e Ivonne Coll en cuanto objetos sexuales (p.252). Así también el Viejo, el Senador, su padre, aparece asociado a figuras eróticas o pornográficas, en una curiosa versión del tópico del sobrepujamiento: lo que el Viejo hace con su amante supera «las simplezas exhibicionistas de Hedy Lamarr en *Extasis*», «el virtuosismo bucal de Linda Lovelace en *Deep Throat*», «La preferencia anal, de Marlon Brando en *Last tango in Paris*».

***

Entre las muchas conclusiones que se pueden extraer de estos análisis, hay dos bastante claras:

(1) La polaridad inglés — español no puede escapar a su contenido de clase, ni separarse del fenómeno del imperialismo cultural y económico ejercido por Estados Unidos.

(2) Entre Guillermo Cabrera Infante y Luis Rafael Sánchez hay más bien una diferencia generacional que de países. En Cabrera Infante la irrealidad del espacio maravilloso que representa el inglés se reconoce, pero aún resulta seductora; en Sánchez, el narrador básico enmarca esas mismas consideraciones en personajes repugnantes de la burguesía cómplice del estado colonial.

Sería bueno adelantar que este tampoco es un fenómeno exclusivo del Caribe o de México. Ya en el Cono Sur también se habla de bilingüismo.

Desorden frente a purismo: La nueva narrativa frente a René Marqués

JUAN G. GELPI-PEREZ

Una de las tareas que debe desempeñar el estudioso de la literatura es interrogar el pasado cultural y literario para poder comprender mejor la producción cultural del presente. La tarea no resulta muy ardua cuando se trata de una producción a la que el público lector no le ha prestado gran atención. En ese caso el gesto interrogativo se convierte en «descubrimiento» o «revelación». Un poco más ardua es la tarea de los escritores y estudiosos que cuestionan la obra de un escritor como René Marqués, un escritor obviamente consagrado. Tanto Arcadio Díaz Quiñones como José Luis González han desmontado gran parte de la escritura de René Marqués al aducir razones concretas —de índole ideológica y literaria—que explican los gestos obsesivos de esa escritura: la nostalgia militante, el didactismo y el costumbrismo.[1]

Hay una imagen muy poderosa que a su vez se convierte en situación narrativa en la obra de René Marqués: el fuego y su correlato, la purificación. Hay en la narrativa de René Marqués una lucha continua por incendiar, borrar y criticar la «barbarie» que desencadenó la invasión militar de 1898. Marqués está obsesionado por fundar un discurso puro, un discurso que niegue y desdeñe todo tipo de contaminación lingüística o barbarismo. Se puede afirmar, al menos sobre su libro de cuentos *En una ciudad llamada San Juan*, que la lengua del narrador se caracteriza por un purismo extremo, va más

---

Nació de Puerto Rico. Ha publicado un estudio sobre Pedro Salinas. Actualmente es profesor de literatura en Smith College.

allá de la mera propiedad. Se trata de una lengua ajena al sociolecto puertorriqueño. En sus cuentos abundan expresiones que se podrían atribuir a una abstracción lingüística que, a falta de una expresión más precisa, se puede denominar la «norma lingüística». El personaje masculino de «En la popa hay un cuerpo reclinado» lleva una «trusa de baño». La protagonista de «La hora del dragón» tiene un «bolso de cuero» y una «pitillera». En el San Juan que le da título al libro, no hay guaguas ni grama, sino autobuses y céspedes. Curiosamente, el infante de marina norteamericano —el «bárbaro»— que se orina en la acera de San Juan es uno de los pocos personajes que enuncia una expresión malsonante en el libro: «Who cares about nothing in this fucking city?»[2]

Lo cierto es que el purismo léxico no es un fenómeno aislado en la obra de René Marqués. Hay de igual modo otros indicios de purismo en sus relatos. Un fenómeno lingüístico que se encuentra a lo largo de todo el libro y que resulta completamente arcaizante es la colocación de los pronombres con los verbos. Un ejemplo que saco al azar de «Purificación en la calle de Cristo»: «Luego volvióse hacia Inés y quedóse en actitud de espera.»[3] Otro fenómeno que se puede rastrear en el libro es el leísmo, fenómeno que se produce en ciertas regiones de España y que no se da en Puerto Rico ni en el resto de Hispanoamérica. Cabe, por último, señalar que en los textos de René Marqués la palabra inglesa, a pesar de que es rara, si aparece, aparece realzada por la bastardilla. Figura como espacio ajeno y llamativo. Es un espacio que se destaca para que no pueda contaminar o ensuciar el resto del texto.

Se puede adelantar un eslabón más en esta cadena y ver que el purismo colinda en los textos de René Marqués con el rasgo de su escritura que con mayor ahínco han querido borrar los narradores posteriores: el eufemismo. En los relatos de René Marqués hay un eco de las palabras del narrador de «Purificación en la calle de Cristo»: consumir lo feo y lo horrible. La manera de narrar hasta las situaciones más violentas es sumamente decorosa.[4] Cabría recordar la reacción del narrador ante la ira del padre de la muchacha violada en «Dos vueltas de llave y un arcángel». Es un caso ejemplar de eufemismo y rodeo narrativo.

> Y vio la palabra sucia en la boca del padre, la palabra mala, puerca, embarrándole los labios secos al padre: la palabra pequeña, tan corta, tan fácil, pero sucia, como un baño de excremento, horrible, como bestia feroz con patas

de cerdo, cabeza de toro bravo, dientes de perro rabioso, cuerpo de tintorera, y yarda y media de espinas, en vez de rabo; la palabra que mordía el alma; desollaba, achicharraba la piel más dura. El cuerpo era un desgarrón de infamia y la puerta estaba abierta.[5]

Se le da la vuelta a la palabra que pronunció el padre—puta—, pero no se puede escribir.

La escritura de los narradores más recientes ha querido, en cambio, reaccionar contra la mordaza que se da en la manera narrativa de René Marqués. Hace poco comentaba Manuel Ramos Otero un cuento de María Arrillaga en el que se utiliza el eufemismo «pene».

María Arrillaga tampoco quiere ser eufemista. Sin embargo, el cuento publicado por *En rojo*, contradice su teoría. *Una cuestión de tamaño* funciona en un mundo donde el decoro es la norma, donde es más importante lo que no se dice ni lo que ofende. Su uso de la palabra «pene» me hace recordar la colección de eufemismos que no permitieron a nuestro gran cuentista, René Marqués, ser aún más grande; al final de su cuento *En la popa hay un cuerpo reclinado*, el personaje central se corta su «tejido esponjoso». Entre el tejido de Marqués y el «pene» de Arrillaga parece como si el tiempo no hubiera transcurrido ni dentro ni fuera de nuestra literatura.[6]

Frente a la doble mordaza que le impuso Marqués a la narrativa —el purismo y el eufemismo—la narrativa de Luis Rafael Sánchez, Rosario Ferré y Manuel Ramos Otero se caracteriza por elaborar una *lógica del desorden.*[7] Se trata de otra manera de narrar, organizar e ideologizar los textos. El desorden que rige en gran parte de los relatos de esos narradores es una metáfora llamativa del deseo de efectuar un cambio literario, de ir más allá del canon marquesiano.

Los textos de *En cuerpo de camisa,* colección de cuentos de Luis Rafael Sánchez, giran alrededor de una serie de personajes marginados: el drogadicto, el desempleado, la prostituta, el homosexual que se convierte en chivo expiatorio, el veterano de la guerra de Corea. En un nivel muy epidérmico, se puede decir que desde su marginación los personajes del libro se oponen a las normas sociales y productivas de la ideología dominante. Más interesante aún es otro proceso paralelo que se produce en la manera de narrar y que supone invertir las normas lingüísticas de la ideología literaria de René Marqués. Hay varios cuentos en el libro en los que se convierten frases hechas y giros idiomáticos—materia lingüística no muy pura, por cierto—en núcleos productores del cuento. Los ejemplos son múltiples, pero basta con señalar el caso del cuento «Etc.». La frase hecha ausente del texto y, sin embargo, presente en la anécdota irónica es «sacar los trapos al sol». Lo que se transparenta en el primer libro de cuentos de Sánchez es una postura ante el lenguaje que dista mucho de seguir las pautas puristas y eufemistas de Marqués. Lo que se lee en el libro, sin estar escrito de manera explícita, es la posibilidad de salir de la encerrona lingüística e ideológica que se produce en la narrativa de Marqués. Esa salida se produce al explotar formas lingüísticas que se caracterizan por una engañosa fosilización.

El privilegiar el personaje marginal sólo llega a su realización plena en *La guaracha del Macho Camacho.* La unidimensionalidad con que se construyen los personajes de la clase alta remite a la atrofia lingüística que padecen. Las intervenciones de Beni repiten sin cesar un «O sea» que se convierte en un discurso vacío y redundante. El personaje más privilegiado en lo que se refiere a la capacidad y la información lingüística no es otro que un personaje marginado: la prostituta, la Madre. En el caso de la Madre, la lógica del desorden se puede plantear de la siguiente manera: el personaje que no se conforma con las normas sociales y productivas de la ideología dominante, es quien produce el lenguaje más interesante y proteico de la novela.

En la narrativa de Rosario Ferré, la lógica del desorden no sólo se presenta mediante la ausencia de decoro léxico, sino también en la utilización de anglicismos, en la contaminación lingüística. Así como no hay palabras «buenas» ni «malas» para las voces narrativas de Rosario Ferré, tampoco se respetan las *fronteras* de clase, ni las fronteras raciales o sexuales. Una situación que se da a menudo en *Papeles de Pandora* es el paso o flujo entre espacios que la ideología dominante separa. En «Cuando las mujeres quieren a los hombres» la prostituta quiere ser señora y viceversa. En «El collar de camándulas», el muchacho de «buena» familia se convierte en asaltante. En el poema «Medea 1972» la madre que engendra a sus hijos, los mata más tarde. En «De tu lado al paraíso» el sirviente homosexual se convierte en esclavo figurado de una mujer de clase alta al imaginársela hombre. En la segunda edición de *Papeles de Pandora* se añade un relato, «La caja de cristal», que confirma el patrón expuesto. El narrador es hombre de negocios de día y saboteador de la compañía que le pertenece a su propia familia de noche. En la narrativa de Ferré, la crisis y la consiguiente lógica del desorden no se sitúan tanto en el nivel del lenguaje como en el nivel de las relaciones interpersonales en el cual rige la vida improductiva, antifamiliar y antirreproductora.

La narrativa de Manuel Ramos Otero dramatiza el gesto más violento de tachadura de los procedimientos puristas y eufemistas de René Marqués. En un nivel muy superficial de su narrativa—en el nivel del léxico—se observan las mismas libertades lingüísticas que existen en la narrativa de Ferré. Los fragmentos de sociedad ficticia que presenta su narrativa corresponden también al ámbito del desorden. En su último libro, *El cuento de la mujer del mar*, los personajes no producen ni se reproducen. El personaje de «Tren que no pasa por la vía» se dedica a montarse en guaguas una vez a la semana para recordar a la mujer que amó. En el relato que le da título al libro, dos homosexuales se dedican a narrarse la historia de una mujer inventada para evitar la separación.

Ramos Otero publica su primera novela, *La novelabingo*, en 1976. Pocas novelas han tenido una recepción tan negativa por parte de la crítica: se la tildó de novela surrealista, de literatura caótica, incluso Rosario Ferré, cuya narrativa entabla un diálogo muy interesante con la obra de Ramos Otero, criticó la «locura» que organiza la novela.[8] Sin embargo, pocas novelas puertorriqueñas guían al lector con indicaciones explícitas como lo hace *La novelabingo*. Pocas novelas han efectuado en Puerto Rico una ruptura tan violenta de los hábitos de escritura y lectura como la ruptura que logra Ramos Otero en su novela. Si se rebasan los hábitos cómodos de lectura, si no se exige un relato lineal, se puede ver en la novela lo que señala acertadamente Asela Rodríguez de Laguna: la crítica del machismo y del matriarcado.[9]

Decir machismo y matriarcado en el contexto de la narrativa puertorriqueña contemporánea es referirse de inmediato a dos de las tesis más desafortunadas de la ensayística de René Marqués, tesis que en más de una ocasión ficcionalizó en su narrativa.[10] *La novelabingo* no se limita a ser una ficcionalización de las tesis obsesivas de René Marqués, sin embargo se nutre de ellas, las lleva al extremo algunas veces y otras veces las parodia.

A pesar del caos aparente que prima en el texto, *La novelabingo* tiene una estructura bastante clara que consiste en las «aventuras» que enfrentan a dos series de personajes: los personajes que encarnan el poder y la represión—Monserrate, la Unión de Bingueras Desafortunadas, Las Comadres y los Machos Pisicorres Invulnerables— y los «desafortunados» personajes no antropomórficos, representantes de la libertad que frustran los personajes de la primera serie. No se trata de un texto «abierto» ni «caótico», ni siquiera «azaroso». La frontera rígida que aísla a los personajes poderosos de los libertarios la marca una dicotomía sostenida a lo largo de todo el texto: los nombres de los poderosos se inscriben en letra mayúscula mientras que los nombres de los personajes de la segunda serie figuran en letra minúscula.

El enfrentamiento textual que se produce entre la obra de René Marqués y *La novelabingo* se organiza a partir de dos frases emblemáticas: el *machacar* el menjunje micrográfico que son los personajes[11] y otra frase que marca la actitud que se tiene hacia el lenguaje y la materia narrativa: el papel que «aguanta lo que le pongan»[12], que «aguanta el peso de las palabras de novelabingo»[13] y finalmente, el vocativo dirigido al papel: «Aguanta papel del infortunio que no somos machos, pero somos muchos».[14] Machacar y aguantar: dos acciones que evidencian una reacción violenta ante mordazas lingüísticas, ideológicas y literarias.

El personaje de Monserrate, caricatura bastante clara del «flagrante delito matriarcal»[15] que tanto inquietó a René Marqués, es un personaje que se construye a partir de la machaca de palabras que se despliega a lo largo del capítulo 11 y forma un anagrama: *facysmo*. Se critica, en principio, el carácter represivo del matriarcado, pero se extrema, se lleva al exceso de la caricatura. El segundo miembro de esta serie de caricaturas femeninas lo integran las Comadres, personajes que se componen mediante otra machaca, en este caso de epítetos y clisés.

> fueron madresuplicio madremartirio madreabandonada madreolvidada madremágica madrerefugio madredivina madrepurísima madrecomonohayninguna madrehayunasolaenlavida madremundo madreredonda madrerotonda madrecomadre partera de los fetos de la novelabingo.[16]

Dentro de la serie se destaca el personaje de Madán Chinga. No se trata ya de la exageración que acarrea toda caricatura. Madán Chinga va más allá y se instala en el espacio de lo monstruoso con tal de que se le quiten a esa palabra todas las connotaciones que le ha impuesto la ideología de lo «natural». Madán Chinga es un *personaje* monstruoso, es «la primera comadre con dos bolas.»[17]

Ramos Otero no divorcia el matriarcado de su contrapartida en la lucha por el poder: el machismo. Hay que recordar la apología explícita que hace Marqués del machismo como baluarte cultural desde el que se puede combatir la docilidad. Si se traslada a *La novelabingo*, la polarización que establece Marqués entre el matriarcado y el machismo se disuelve en el personaje de Madán Chinga, personaje en el que, por metonimia, se anticipa el falocentrismo de los cómplices de la Unión de Bingueras Desafortunadas y de las Comadres: los Machos Pisicorres Invulnerables. La serie que se inicia con la caricatura de Monserrate y que prosigue con la construcción monstruosa de Madán Chinga, cierra con el estereotipo—imagen fija—de los Machos Pisicorres Invulnerables. Esa imagen fija se compendia en el falocentrismo que tiñe los tres apartados de su código de conducta, las reglas del macho hecho y derecho: «Todas las mujeres son putas menos mi madre que es Santa, Mamero es el mejor amigo del hombre, y el Roto no es un abismo».[18] La gradación que va de la caricatura al estereotipo es nítida y supone, por un lado, un rechazo tajante del matriarcado y del machismo y, por otro lado, se ve en esa gradación que el texto rechaza nuevamente el desorden, el «Bugarronísimo Azar» al que tanto alude.

La contrapartida de esta serie de elementos culturales represivos es, curiosamente, el personaje ausente de la novela, la desaparecida nairí: madre, símbolo de la libertad y escritora de poesía marginal. Desempeña la función de personaje-conciencia: da el *mensaje-machaca* de la novela: «Mata la Matriz de Patria que habita en el Atrio de Azar»[19] y es la primera que se percata de la presencia de Madán Chinga, del nexo que une al matriarcado con el machismo.

La construcción del personaje es, sin duda, el aspecto más interesante e innovador de la novela de Ramos Otero. No resulta rebuscado ver en esa construcción una forma de desquiciar, incluso de parodiar las discutibles tesis marquesianas de la docilidad del puertorriqueño y del carácter pesimista de la literatura puertorriqueña contemporánea.[20] El apocamiento que advierte Marqués en el hombre puertorriqueño se traduce en otra *machaca* del texto de Ramos Otero: la designación de los personajes como los personajes más desafortunados de la novela más desafortunada. Hay que recordar que no son personajes antropomórficos, son personajes *no-persona,* son bolos de bingo. Si se piensa en los escenarios, si es que cabe la palabra, en donde se sitúan los personajes, se advierte que son cárceles figuradas, lugares de encierro: el candungo de la suerte, la bolsa floreada, la celda del archivo de la suerte, las bolas de Madán Chinga y el cafetín más pequeño del mundo.[21] El colmo del apocamiento de los personajes de la novela raya en la parodia del pesimismo marquesiano: la novela se suicida y cierra con un velorio.

Con todo, el encierro remite en *La novelabingo* al problema de la relación de texto y contexto en la narrativa puertorriqueña, a la ilusión referencial que tiene que dar el novelista puertorriqueño si no quiere que se le fustigue como se ha fustigado a Ramos Otero con verdaderas reducciones de su obra: «demagogia sexual», «escapismo» y «nostalgia». *La novelabingo* no se sustrae de la ilusión referencial, pero rechaza las especularidades y las reproducciones mecánicas. Reconoce que uno de sus problemas principales es la encerrona que puede llevar al folklorismo, es decir, «...el siempre nombrado paraíso tropical obsesionado por el calorcito exótico».[22] La segunda encerrona que se quiere socavar en la novela es la superstición realista como única forma de reconstruir una sociedad.

> para poder romper el espejo entre la novelabingo y la isla amurallada en el vacío donde uno refleja las cárceles redondas del otro. (Igualmente nos agobia esta bóveda de nubes floreadas a la que llaman cielo que cae sobre los horizontes del agua como si la novela y la isla fueran mitades olorosas de un queso de bola holandés.[23]

La narrativa de Edgardo Sanabria Santaliz es la continuación más lúcida del afán de cuestionar el canon marquesiano. Su primer libro de cuentos, *Delfia cada tarde*, interesa pues no es una ruptura violenta con el pasado literario, pero no deja de ser un replanteo de ese pasado. Al examinar el léxico de las voces narrativas de Sanabria Santaliz se advierte que es de una propiedad indiscutible. Sucede incluso lo que se ha señalado en la narrativa de René Marqués: hay palabras ajenas al sociolecto puertorriqueño, pero se ha «purificado» al desaparecer la colocación arcaizante de los pronombres y el leísmo.

La estrategia crítica que adopta Sanabria Santaliz ante la obra de René Marqués es menos violenta, pero no por ello menos eficaz. Hay un cuento en la colección que constituye una reescritura de «Purificación en la calle de Cristo». «La consumación» presenta a dos hermanastras que viven aisladas del pueblo que las rodea. Un día reciben correspondencia y toman un decisión que no se le informa al lector. Más tarde queman la casa y, al final del cuento, el narrador le informa al lector que sobre el lugar en que se encontraba la casa, se ha construido una carretera de asfalto.

El esquema de las acciones se acerca mucho al cuento de Marqués, pero hay que recordar que las hermanas de «Purificación en la calle de Cristo» deciden quemar la casa para impedir que se convierta en un hotel para los «bárbaros» norteamericanos. Es decir, el propósito de la quema está claro. También está claro que pertenecen a una clase social venida a menos: la clase de los hacendados que se arruinó con la invasión militar de 1898. Hay diferencias fundamentales en lo que se refiere a la clase social de los personajes. Pero hay más, en el cuento de Sanabria se cuestionan la nostalgia y la idealización del pasado. Frente al rechazo del presente que se da en la casa del cuento de Marqués, en el cuento de Sanabria conviven los objetos de la tradición religiosa—los velones, el rosario y las estampitas—con la radio por la que entran a la casa los juegos de baloncesto. La superposición produce un efecto humorístico, pero constituye al mismo tiempo una situación narrativa que difícilmente se puede encontrar en una narrativa como la de Marqués en la que la tradición y la tecnología se encuentran en pugna.

Interesa también el final del cuento de Sanabria:

> Seis meses después, quien se asomara por aquel sector del poblado podía extasiarse con la visión de la reluciente veta de asfalto, de piel perfecta como la de un animal joven y suave tendido bajo el sol, estirándose hasta el horizonte y poblada de autos y carretas que iban moviéndose con rapidez. Como en busca de algo imprescindible o irrecuperable.[24]

En ese final conviven los autos y las carretas, el producto de la tecnología moderna y el vestigio de la sociedad agrícola. Lo que se dice que se busca al final es imprescindible o irrecuperable. Se ha renunciado a la nostalgia militante. Hay otro indicio de esa actitud en el penúltimo párrafo en el que la ceiba—indicio del pasado y la tradición—mira de manera impasible los escombros finales que arrasa la *buldozer*. El que un escritor tan propio como Sanabria Santaliz utilice la palabra «buldozer» en lugar de «excavadora» o algún otro término semejante, revela que la lucha marquesiana por defender la pureza lingüística es inútil a la altura en que se escribe *Delfia cada tarde*. Más que inútil, se puede afirmar que es una lucha que se ha extinguido.

A pesar de que en la narrativa de Sanabria Santaliz aparecen elementos que trastornan y dinamizan el canon marquesiano, hay un cuento que recuerda los elementos folklóricos que se encuentran diseminados en la obra de Marqués. «La materia de nuestros sueños» se desvía del cuestionamiento del elemento folklórico que se da en

«Las cuatro parientas», crea polarizaciones del mundo masculino y del mundo femenino, aparecen tipos y hay un elemento que funciona como quiste o tumor dentro del espacio del pueblo pequeño: la maquinaria que se ha traído para las fiestas patronales. Las máquinas inquietan tanto a los pájaros como a los niños para quienes la estrella se convierte en una «máquina aterradora».

Con la narrativa de Sanabria Santaliz se consuma definitivamente el proceso de contaminación literaria que se inicia en la narrativa de Luis Rafael Sánchez y se desarrolla en los textos de Rosario Ferré y Manuel Ramos Otero.

NOTAS

1. Ver Arcadio Díaz Quiñones, «Los desastres de la guerra: para leer a René Marqués,» *Sin Nombre*, X (1979), pp. 15-44. José Luis González, *El país de cuatro pisos y otros ensayos,* Río Piedras, Huracán, 1981.

2. René Marqués, *En una ciudad llamada San Juan*, Río Piedras, Cultural, 1974, p. 206. Abreviaré: *EUCLLSJ.* Se pueden presentar varias hipótesis de carácter biográfico para explicar el porqué del uso de un léxico ajeno al puertorriqueño. Se puede decir que el haber vivido en España a fines de la década del cuarenta «purificó» su vocabulario. Por otro lado, se puede pensar que el libro se publicó por primera vez en México y que el narrador de la colonia quería probar que, a pesar de la «barbarie» que imperaba en su país, él había logrado mantener su lengua pura, tan pura como el campo y el pasado que tanto privilegió en su obra.

3. *EUCLLSJ*, p. 40. Otro ejemplo de «La hora del dragón»: «preguntóse cuántas veces habría pasado frente a aquel local sin sospechar su existencia» (p. 77). El fenómeno reproduce, en un registro lingüístico, la nostalgia militante a la que alude José Luis González en su ensayo.

4. Esta afirmación se puede sostener hasta que Marqués publica «El bastón» en 1975. El cuento se incluye en la colección *Inmersos en el silencio*, Río Piedras, Antillana, 1976, pp. 89-106.

5. *EUCLLSJ*, p. 62.

6. Manuel Ramos Otero, «El caso María Arrillaga,» *En rojo, Claridad*, 2 al 8 enero de 1981, p. 5.

7. El término lo emplea Josefina Ludmer en un libro muy sugerente sobre la narrativa de Onetti. *Onetti: los procesos de construcción del relato,* Buenos Aires, Sudamericana, 1977.

8. Rosario Ferré, «Ramos Otero o la locura versus la libertad,» *El Mundo*, 12 de julio de 1977, p. 16-A.

9. Asela Rodríguez de Laguna, «Balance novelístico del trienio 1976-1978: conjunción de signos tradicionales y rebeldes en Puerto Rico,» *Hispamérica*, VIII (1979), pp. 139-40.

10. René Marqués, «El puertorriqueño dócil. Literatura y realidad psicológica», *Ensayos*, Río Piedras, Antillana, 1966, pp. 169-71.

11. Manuel Ramos Otero, *La novelabingo*, Nueva York, El Libro Viaje, 1976, p. 17. Abreviaré: *LN.*

12. *Ibid.*, p. 11.

13. *Ibid.*, p. 108.

14. *Ibid.*, p. 146.

15. René Marqués, *Op. cit.*, p. 171.

16. *LN,* p. 47.

17. *Ibid.*, p. 51.

18. *Ibid.*, p. 87.

19. *Ibid.*, p. 21.

20. René Marqués, «Pesimismo literario y optimismo político: su coexistencia en el Puerto Rico actual,» *Op. cit.*, pp. 45-80.

21. Como señala Arcadio Díaz Quiñones, la prisión es un espacio simbólico que recurre en la obra de Marqués. Hay un eco de esa obsesión en el texto de Ramos Otero.

22. *LN,* p. 48.

23. *Ibid.*, pp. 62-3.

24. Edgardo Sanabria Santaliz, *Delfia cada tarde,* Río Piedras, Huracán, 1978, p. 76.

No más máscaras: Un diálogo entre tres escritoras del Caribe

Belkis Cuza Malé — Cuba
Matilde Daviú — Venezuela
Rosario Ferré — Puerto Rico

y

Linda Gould Levine — Montclair State College
Gloria Feiman Waldman — York College, CUNY

Waldman-Levine: ¿Cuales con las preocupaciones principales que se manifiestan en su escritura?

Daviú: La imagen. Los sucesos sólo son sucesos mientras se suceden, después no son sino esto: palabras. La única posibilidad de darle carácter literario a una anécdota es a través de las imágenes, recreándola sin que por ello pierda intensidad ni veracidad. El reto que me planteo ante la escritura es el tratar de convertir una experiencia real en una experiencia estética y el único instrumento o medio que tengo para realizarlo es la creación de imágenes. Lo importante es rescatar la anécdota de su chata y tosca realidad. Yo quisiera apoyar lo que estoy

---

Belkis Cuza Malé (Cuba) es autora de varias colecciones de poesía, entre ellas *Tiempos del sol, Los alucinados* y *La otra mejilla/Juego de damas*.

Matilde Daviú (Venezuela) es autora de la colección de cuentos *Maithuna,* es periodista y actualmente termina su primera novela.

Rosario Ferré (Puerto Rico) es autora de la colección de cuentos *Papeles de Pandora,* la antología de ensayos *Sitio de Eros* y literatura infantil, incluyendo *El Cuento del Medio Pollito.*

diciendo y para esto leeré un fragmento de alguno de mis relatos aparecidos en mi libro cuentos, *Maithuna*. «Domingo de teatro»:

> *[...]*Aquella tarde lluviosa, Lucio abandonó la ciudad después de conocer la muerte de Damián, la trágica muerte de mi hermano (no sé por qué causas, todavía la ignoramos), decidió quitarse la vida colgándose de una de las vigas del techo del baño de mis lamentaciones.
> *[...]*De allí en adelante, yo fui sola por el mundo; de colegio en colegio hasta que un día, me vi con los labios pintados y llevando tacones muy altos. Pero en el fondo de mí, seguía siendo la misma: una gota de lluvia sobre el patio mojado y solo, una astilla en el medio de mi ser, una espiral trazada en el espacio donde se mueven las nubes y me borran, una vota solitaria vibrando todavía en el gemido que no dejé escapar, una aguja clavada en los ojos de un muerto, un punto blanco en el papel blanco de una página de nada.»

Ferré: Es tan difícil hablar de cuáles son las preocupaciones de mi experiencia como escritora, porque es una cosa tan privada, tan personal, que hablar públicamente de esto es un tema sumamente difícil. Pero yo diría que mi necesidad de escribir es una necesidad existencial, en primer lugar. Yo llegué a un momento en mi vida en que yo necesité escribir para poder seguir viviendo. No podía hacer otra cosa. No puedo decir que siempre escribí porque no es cierto. Yo llegué a un momento alrededor de los 34 años, cuando empecé a expresarme literariamente y crearme una nueva existencia. Eso sería expresar mi motivo principal para mi escritura. Otro motivo que tengo que confesar que me llevó a empezar a expresarme definitivamente como escritora, es porque a través de la escritura logro hacerme útil, o por lo menos sentirme útil a la sociedad en que vivo.

Cuza Malé: Mi experiencia es distinta a la de todas ustedes. Los temas y los intereses de mi obra iban cambiando fundamentalmente de una cosa a otra. En los primeros años, cuando comencé a escribir, me interesaba fundamentalmente expresarme como adolescente, luego fui madurando, creo yo, y a la vez que maduraba tenía que reprimirme puesto que viví en una sociedad donde lo fundamental era que todo lo que dijera estuviera de acuerdo con lo que se podía publicar. Esto me llevó a una represión interna, a una autocensura que es el tema fundamental del cual quiero librarme en este momento. Por eso escribir me cuesta tanto trabajo.

Levine-Waldman: En cuanto al proceso creador, ¿es difícil para ustedes escribir ¿les cuesta trabajo? ¿cómo enfrentan la página en blanco?

Cuza Malé: Aprendí hace un tiempo que estoy marcada para siempre por la vida que he vivido. Es decir, que no escribiré jamás en la forma en que soñaba. Que el tiempo pasa y que se consolida, e incluso el intolerable deseo de escribir ha ido creciendo en la adversidad. Ahora sé que la vida es así, que porque un día me cortaron para siempre la cabeza y el otro día me arrancaron la venda de los ojos, no hay descubrimiento más triste que saber que no estaba preparada para ver el mundo. Sigo pues aferrada a mis únicas preocupaciones, indagando en mí misma con una crudeza excesiva, con un intimismo que busca puertas, soslayando quizás los momentos más crípticos en que una mujer arde en su hoguera. Es decir, cuando sentada frente a la máquina de escribir—ya no frente a la máquina de coser, de lavar, de fregar, de secar o de moler— habla para que la entiendan todos.

Los lectores, o las personas interesadas en la escritura tienen la impresión de que se escribe mucho mejor cuando se está bajo un estado de inspiración, como se dice. Eso no es el caso mío. Yo puedo escribir por voluntad propia a cualquier hora, y en cualquier momento, sobre todo al lado de la cocina, para vigilar que no se me queme la comida.

Daviú: Yo escribo por una imperiosa necesidad interior. Escribir para mí no es difícil, eso parece haber nacido conmigo. Si fuera difícil no escribiría. Yo no escribo por obligación, por oficio tampoco. Escribo porque hay algo «indescriptible», tal vez irracional que me lleva a realizar este acto. La mayoría de las veces escribo en estados de rapto, sin esquemas previos, sin predeterminaciones. Otras, como reacción a ciertos estímulos provocados por el mundo exterior y es allí cuando trato de rescatar la anécdota, recreándola. La vida es un drama pero el arte y especialmente el arte de la literatura está lleno de sugerencias que remiten desde luego al drama del cual se alimenta. En estos casos escribo como catarsis, para liberarme, manteniendo una especie de monólogo sordo conmigo misma. Yo no soy una literatosa, tampoco soy una intelectual; a lo más que aspiro es a vivir con arte e intensidad y esa misma tensión es la que llevo enterrada debajo de mis uñas. El don de escribir no lo he adquirido ni por experiencias librescas ni tampoco porque me lo he propuesto como oficio. Yo soy una oficiante por «gracia», no lo soy por disciplina.

En cuanto a mi confrontación con la página en blanco puedo decir que, en mi caso particular, esta confrontación ha sufrido un proceso de aceptación y rechazo que podría dividir en tres estados o etapas: la primera, hace mucho tiempo, cuando era una adolescente, la página significaba para mí el espacio que había que llenar. Años después, por una especie de «crisis existencial» sufrida durante mis años en Europa, adopté la idea de que la página era el espejo a nivel de conciencia donde vendrían a reflejarse las formas más oscuras o cenagosas del alma. Ahora, liberada de aquella angustia «adquirida» y después de haber visto un poema escrito en el aire, fuera de toda superficie, sin soporte alguno, considero que la página es sólo un material de deshecho en el proceso de la escritura. La página ya no es el centro gravitacional donde la estructura del relato se organiza como algo definitivo. Si alguna vez creí que desde la página podría crearse una perspectiva del espacio, hoy, más que nunca debo considerar mi error. Para mí, la página ha perdido su encanto. Si alguien me preguntara qué es lo que más deseo para escribir, diría, inmediatamente, que en lugar de la página quisiera tener una superficie transparente y que las teclas de la máquina de escribir fuesen los botones de rayos laser correspondientes a las letras del alfabeto. Pero esto es sólo un sueño.

Waldman-Levine: Rosario, esta mañana nos hablabas del primer cuento que escribiste, de la tremenda dificultad que tuviste al redactarlo, ¿No?

Ferré: El problema mío es que yo descubrí que no se puede partir de un conocimiento a priori y decir—«Voy a escribir una novela, un cuento»—sino que tiene que haber una identificación absoluta entre la experiencia del personaje y del escritor para que esto sirva como punto de partida para luego poder escribir un cuento, una novela. Ahora sí he descubierto una cosa distinta y es que hay una experiencia diferente cuando uno va a escribir un cuento. Por lo menos yo he tenido una experiencia muy distinta al escribir un poema o un cuento que al escribir una novela. Un cuento o un poema parten de una imagen. Es como una semilla que está allí. A veces es una palabra, es una cara, es un personaje; uno no sabe bien qué es lo que va a salir. Lo trata de plasmar a la página, pero es muy distinto precisamente con una novela que tiene que tener una organización.

Levine-Waldman: Belkis, tu has escrito poesía y ahora acabas de escribir una novela. ¿Estás de acuerdo con lo que dice Rosario?

Cuza Malé: Bueno, he escrito una novela y estoy escribiendo otra. Hace dos años me propuse escribir una novela lineal porque la que había escrito tuvo que hacerse a salto para no tropezar con la censura. Pero como dije ya, he descubierto que nunca escribiré como soñaba, que soy una inventora de ficción y de mentiras, que me gusta imaginar el paso del tiempo y sus dádivas. Escribo, pues, retrospectivamente: estoy situada en el futuro sobre una pesada alfombra hecha con retacitos de pasado.

Yo hubiera querido ser como Virginia Woolf, pero no. Yo soy la persona que soy, como es lógico, entonces solamente me queda el recurso de mi poca imaginación, con la que tengo que ponerme a escribir la novela o lo que yo pienso que debe ser la novela. Esa recopilación, quizás de datos o de hechos puede servir para escribir la novela. Yo no la he hecho en un momento, sino durante toda mi vida. Quizás en mi infancia, con los traumas o con las obsesiones que me son propias. Entonces de ahí, sin quererlo, ha salido esa novela que próximamente publicaré que se llama *Juan y Juana.* Con la otra novela también trato de hacer una novela lineal, pero es imposible, no lo consigo, sencillamente, porque no soy una novelista.

Waldman-Levine: ¿Creen ustedes que hay una creación o escritura femenina diferente a la creación masculina, en cuanto a sensibilidad, lenguaje o estilo?

Ferré: Creo que existe una literatura femenina distinta a la de los hombres. En realidad, yo pienso que la literatura femenina existe en cuanto a tema, en cuanto a experiencia, a vivencia diferente a la del hombre. Pero no existe en cuanto a estilo o en cuanto a escritura puesto que la naturaleza femenina o masculina para mí son fundamentalmente humanas.

Yo creo que la mujer no solamente tiene que escribir como mujer y el hombre tiene que escribir como hombre, sino que en realidad, debe haber un intento de que ambos escriban como seres humanos. Toda esa polémica que existe hoy en día me parece una cosa mas bien superficial, porque lo principal no es eso. Lo prinicipal es verdaderamente lograr una escritura que se despliegue, que profundice en los sentimientos, en los problemas que ambos comparten.

Daviú: Estoy de acuerdo en lo que expone Rosario. En la medida en que el lenguaje es común a hombres y mujeres no veo porqué ha de establecerse alguna diferencia en la escritura.

Cuza Malé: No soy más feminista. No quiero quedar atrapada en la rueda inservible de la historia que nos condenó al defendernos con garras que nos negó la naturaleza. Lo siento. No quiero que me nombren por mi sexo, ni que me señalen con el dedo y que me miren el trasero cuando camino. Quiero la identidad plena. La escritura en igualdad de condiciones para hombres y mujeres (Si es que éstas tienen tiempo de escribir, valga la ironía). Aprender a conocernos todos es el gran triunfo de la lucha de los sexos. Las mujeres—tenemos que advertirlo—hemos cometido graves errores y no nos alcanzará la vida para pagarlos. Hemos criado y educado hombres para que luego dominen a otros hombres, a otras mujeres y hemos olvidado el amor. La humanidad estaría camino de salvarse si nuestra formación machista-feminista, es decir, sádico-masoquista, no hubiera creado monstruos; si hubiéramos expulsado de ella toda esa vieja y dañina baba que aletea junto a nuestras buenas acciones maternales.

Levine-Waldman: ¿Hay una comunidad de escritoras del Caribe? Por ejemplo, aquí se habla de una comunidad de escritoras norteamericanas. Es decir, sabemos lo que estamos escribiendo, compartimos ciertas preocupaciones y no nos sentimos aisladas. Nos interesa su reacción a esta pregunta en particular, puesto que se la hicimos a muchas feministas y escritoras en españa y la respuesta siempre era— «¿Una comunidad de escritoras? Esto no lo tenemos aquí.»— ¿Qué opinan uds. en cuanto al Caribe?

Daviú: Las comunidades de escritoras son muy raras. Por lo general el acto de escribir es un acto solitario. Los escritores que alguna vez se han agrupado en una determinada época, lo han hecho en torno a una idea y la cual expondrán casi siempre a través de una revista que refleje ese pensar común. En el caso de la mujer escritora es todavía más extraño. En mi país no hay una comunidad de escritoras. Nosotras hemos trabajado siempre como a la sombra y alejadas unas de las otras por variadas circunstancias. Hace dos años, «El Diario de Caracas» publicó una antología de mujeres escritoras venezolanas.

Ese ha sido el primer intento, creo yo, de reunirnos. El título de la antología es bastante sugestivo, *Las mujeres cuentan*. De las escritoras venezolanas que considero están haciendo una buena labor, puedo mencionar a Mariela Arévalo, Antonieta Madrid y Laura Antillano por no mencionar a otras.

Waldman-Levine: Rosario, ¿qué dirías de los grupos de mujeres que están escribiendo en Puerto Rico?

Ferré: Hay un grupo muy bueno de muchachas en Puerto Rico, mas bien de poetas que de críticas. Es un grupo de mujeres que se está preocupando mucho por la literatura pero no se puede decir que funcionan como un grupo de escritoras. O sea, funcionan como un grupo que está publicando una revista, *Reintegro*. No sé por qué no nos formamos en grupos *per se*. No sé si es la idiosincracia latina o porque los latinos somos tan idealistas... Además entre los países del Caribe hay un aislamiento tan grande.

Cuza Malé: Bueno, yo podría hablar por ejemplo del caso de Cuba. En Cuba, hasta que yo estuve allí, han tenido siempre una representante de la Federación de Mujeres Cubanas al Partido Comunista. También, de algún modo tenían que estar representadas las mujeres en la Unión de Escritores. Entonces al salir yo de allí, por supuesto quedó Nancy Morejón, y hay otras escritoras más. Supongo que a medida que vayan muriéndose serán sustituidas por nuevas escritoras.

Ahora, en cuanto a su pregunta sobre el Caribe, nunca me he sentido parte del Caribe ni creo que ningún cubano sepa exactamente qué es eso por increíble que parezca. Claro, el mar es el mar y ahora me parece desde la distancia que aquel era más azul de lo acostumbrado, pero la verdad es que los aires caribeños no llegaron nunca hasta allí y lo tropical se expresa mejor en las exuberancias de sus habitantes que en su vegetación. Pero claro, somos de algún modo artificial gente nacida y crecida en una región que nominalmente, como casi todo en el mundo, hacen llamar el Caribe. Está bien que le pongan nombres a las cosas. Nombrar es afirmar algo para que todos lo olviden luego.

Como parece que debo recordar que pertenezco al Caribe, digo que si es un escritor o una escritora, sólo me interesa lo que escribe, no en qué región, bando, filosofía, religión o política se inscribe. Es decir, me interesa su obra y sólo a ratos su persona.

Levine-Waldman: ¿Qué leen ustedes ultimamente? ¿Están leyendo libros escritos por mujeres u hombres?

Cuza Malé: Se lee cuando se puede. Cuando no se tiene la cabeza llena de tantos pensamientos extraños, cuando hay que llenar vacíos, pero nunca para pasar el tiempo. Siempre leo aquello que me gusta, lo que quiero que se me parezca. Leo constantemente a Virginia Woolf, la Biblia. Y leo mucho sobre el poder de la mente y sobre cómo dominarse a sí mismo. Pero leo también recetas de cocina y todo lo que me interesa. Y no porque me proponga temas determinados, sino porque estoy ávida de entender el mundo que me rodea.

Daviú: Leo la obra poética de D. H. Lawrence. Especialmente los «Pensis», los cuales me han impresionado tanto como la poesía de Pessoa.

Ferré: Estoy leyendo a Roa Bastos.

Waldman-Levine: Los sagrados, ¿No? Creemos que eso de veras es muy interesante, porque diríamos que la mayoría de las escritoras feministas de Estados Unidos están leyendo a mujeres, y no a hombres... Rosario, hablaste este mañana de tus lecturas anteriores de Simone de Beauvoir, de Virginia Woolf.

Ferré: Sí, hay que leer de todo. Yo he leído todo eso, pero no me dedico últimamente a eso.

Levine-Waldman: Antes de concluir, quisiéramos preguntarles algo sobre la censura. ¿Hay ciertas trabas que sienten ustedes por el hecho de ser mujeres? ¿Hay ciertos temas que no pueden tratar tan libremente como los hombres?

Daviú: Paralelamente a la novela que actualmente estoy escribiendo, y fuera de todo compromiso editorial, escribo cuentos eróticos. Cuando hablo de cuentos eróticos no quiero que los confundan con cuentos pornográficos. Estos cuentos tienen una fuerte carga poética y por esta razón quedan descargados, aligerados de su posible poder de «escandalización». Como mujer, aquí sí puedo decir que he saltado una barrera, que me he liberado de ciertos tabúes tejidos sútilmente por sociedades como las nuestras (me refiero a los países suramericanos donde la mujer, y la mujer escritora en este caso, no podía superar ciertos prejuicios como el de escribir sobre temas sexuales) al plantearme el tema erótico como un ejercicio de libertad de expresión. Por eso digo que he dado un «salto».

Waldman-Levine: Esto es un poco parecido a lo que dice Virginia Woolf cuando escribe que la mujer escritora tiene que liberarse del concepto de «sexual propriety» para llegar a una plenitud creadora. Rosario, leímos entre un grupo de mujeres unos cuentos tuyos de *Papeles de Pandora* que contienen muchos elementos eróticos. ¿Cómo era para tí escribir esos cuentos? ¿Era un reto a la sociedad en aquel momento?

Ferré: Lo que pasa es que yo nunca funciono como escribo en nivel premeditado. Escribí esos cuentos eróticos sin pensar que estaba desafiando nada. Y luego resultó que sí. Fue al revés. Pero yo creo que fue saludable.

Levine-Waldman: Belkis, hemos leído en clase algunos poemas tuyos como «mujer brava que se casa con dios» sobre la sexualidad de Sor Juana Inés de la Cruz.

Cuza Malé: Pero eso yo lo escribí en una época en que yo era completamente atea. Y yo estoy arrepentida de este poema porque además me parece una tontería. Ya nunca más lo escribiría, no porque pienso que no deba escribir cosas que puedan atentar contra la moral, sino porque eso no era verdaderamente mi intención—de traer ese personaje a ese nivel humano. Pero quiero decir, yo no me autocensuro en ese sentido. Para mí la única censura verdaderamente terrible, monstruosa, es la censura política. La censura, en este caso erótica, que puede sentir la mujer me parece mucho menor en comparación con la censura mental a nivel universal que pueda sentir el hombre en todo sentido. Es una incidencia. El hombre también puede sentirse a lo mejor frustrado. Me parece, sin embargo, que no está en relación con el hombre y con la mujer, sino con el ser humano en general.